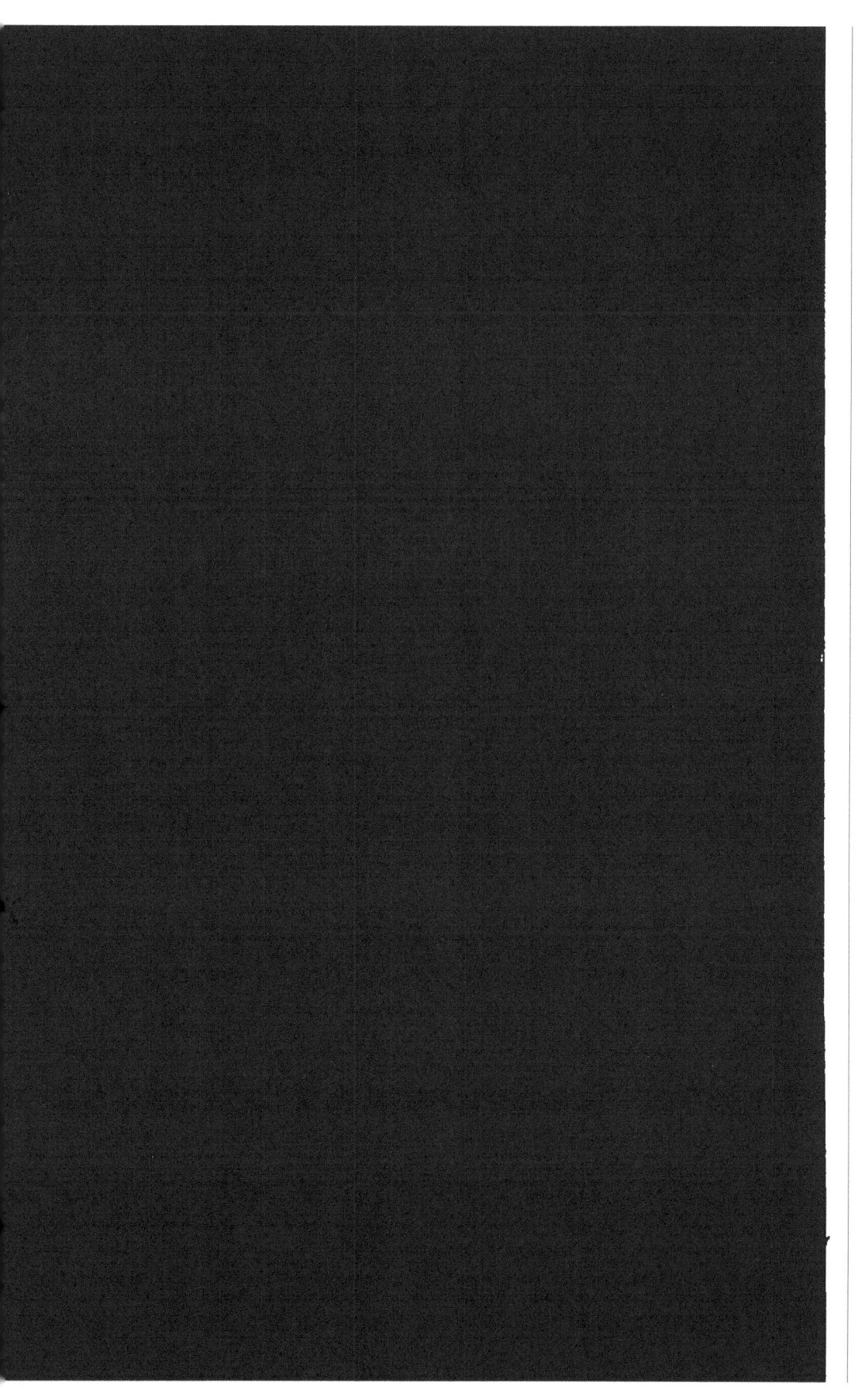

F

Ⓒ

INSTRUCT.
sur
l'enregistrem.
domaines, etc.
5e. année.
No. 145 à 162.

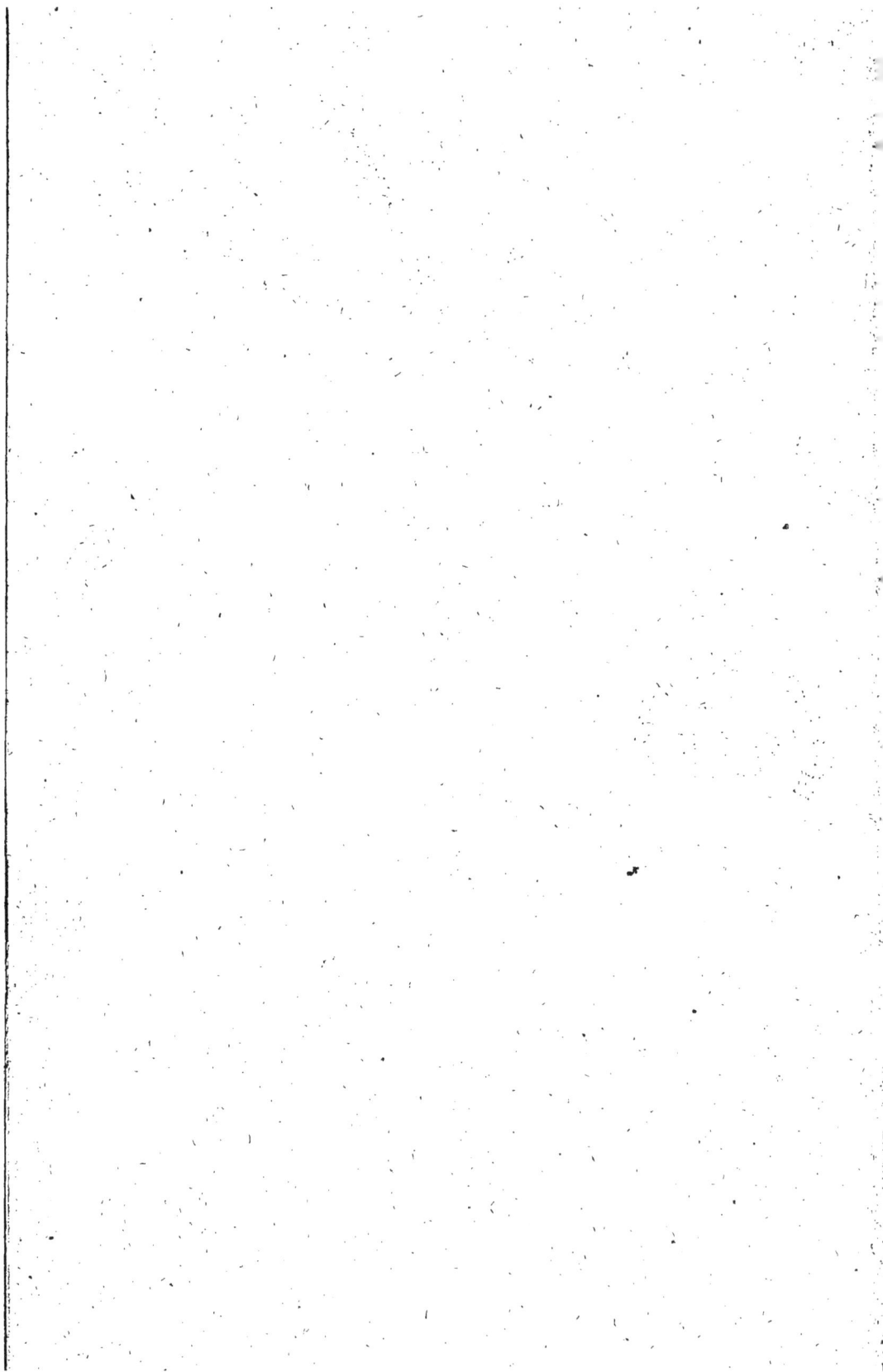

INSTRUCTIONS

DÉCADAIRES

*Sur l'enregistrement, droits y réunis,
et domaines nationaux,*

Rédigées par une Société d'Employés de la
Régie de l'Enregistrement et du domaine
national.

Nº. 145.

A R T. 1297.

ENREGISTREMENT.

*Vente d'immeubles moyennant un prix sti-
pulé, et à la charge d'une rente foncière.
Comment en liquider les droits ? Doivent-ils être perçus seulement sur le prix
exprimé ou cumulativement sur le capital de la rente foncière ?*

Cette question a divisé les jurisconsultes les
plus célèbres, elle pouvait en effet leur présenter des doutes dans les principes de l'ancienne
législation.

Tome IX. 1

Suivant ces principes les rentes foncières étaient considérées comme des immeubles réels qui affectaient l'héritage même sur lequel elles étaient dues, et qui étaient réputées en faire partie. Ainsi, le propriétaire de la rente l'était également, en quelque sorte, du bien hypothéqué à son paiement, jusqu'à concurrence du montant du capital. Dès-ors, le propriétaire du bien grévé ne vendait réellement que la portion du bien restant libre d'hypothèque.

Aussi chaque mutation des rentes foncières étaient-elles sujettes au droit de centième denier, et même à celui de lods et ventes, encore qu'elles fussent stipulées rachetables, parce que la faculté du rachat n'en altérait point la réalité, et que cette faculté même était sujette à prescription.

Tel était le vœu de l'art. 6 de la déclaration du 20 mars 1708.

Suivant les mêmes principes, s'il s'opérait une transmission, par décès, d'un bien grévé d'une rente foncière, le droit n'était exigible que sur la portion qui n'était pas grévée, mais lors de la transmission, par décès de la rente foncière, l'héritier en devait le droit comme d'un immeuble réel.

Cependant, il n'en était pas de même en cas

de vente. Alors les lods et ventes n'étaient dus que sur la portion libre de la rente foncière, parce qu'ils n'étaient exigibles que sur le prix et le montant des charges réductibles en argent.

Mais les droits de contrôle et de centième denier, devant porter tant sur le prix stipulé payable au vendeur que sur les charges, de quelque nature qu'elles fussent, ces droits étaient dûs même sur le capital des charges foncières, le cens seulement excepté, cumulées avec le prix exprimé, parce que la véritable valeur du bien vendu ne pouvait se composer autrement.

Cette législation du conseil suffirait pour détruire l'opinion qu'en cas de vente d'un immeuble à charge du paiement d'une rente foncière, le droit d'enregistrement n'est exigible que sur le prix stipulé.

Mais ce n'est pas d'après les anciens principes que la question peut être examinée. Depuis la publication de la loi du 11 brumaire an 7, sur la législation des hypothèques, il n'existe plus de rente inhérente au fonds. Les rentes foncières ne représentent plus qu'une somme de deniers qui devient une charge pour l'acquéreur, charge dont il peut se libérer à volonté, et qui, à défaut de paiement, ne donne au

propriétaire de la rente que l'action en expropriation forcée, si sa créance est inscrite.

S'il s'opère une mutation de la rente foncière,
ou transmission par décès, le droit n'est liquidé
et perçu que comme mutation ou transmission
de meuble.

Elle ne produit d'autre effet qu'une obligation remboursable à la volonté du débiteur ;
c'est une créance, et l'hypothèque qu'elle donnait sur le bien originairement grévé, ne résulte plus seulement du titre, mais de son inscription.

Ces principes posés, on ne peut révoquer
en doute l'exigibilité du droit, sur le capital de
la rente foncière cumulé avec le prix exprimé
dans un acte de vente.

La loi du 22 frimaire an 7 veut que le droit
de 4 pour 100 pour vente d'immeuble soit
perçu sur la valeur réelle et vénale des biens, soit
d'après le prix, exprimé dans l'acte toutes
charges comprises, soit d'après une expertise.
Le capital de la rente foncière est une charge
pour l'acquéreur. Il concourt à déterminer la
valeur vénale, il fait donc partie du prix de la
vente,

Supposons un immeuble vendu 10,000 fr.,
et à la charge de payer à un tiers une obligation de 3000 fr. On ne ferait aucune difficulté

sans doute de payer le droit de 4 pour 100 sur 13.000 fr.

Or , quelle différence existe-t-il entre cette espèce et celle d'un bien vendu 10,000 fr , et à la charge de payer une rente foncière de 150 fr. , au capital de 3,000 fr. , dont il est grevé? Aucune, le prix se compose toujours des 10,000 fr. , et du capital de la rente. La loi ne permet plus de distinction entre la charge résultante d'une rente foncière , et celle produite par une simple obligation , on ne peut donc admettre de distinction pour la per-ception , même dans le cas de transmission par décès.

ART. 1298.

DÉCLARATION D'USUFRUIT.

Un bail à vie d'immeuble a été fait en faveur de plusieurs personnes. Après le décès les unes des autres , les survivans doivent-ils des droits de mutation au décès de l'un d'eux ?

Voici l'hypothèse dans laquelle cette question se présente. Par acte notarié du 15 mai 1779 , contrôlé et insinué le 22 du même mois , des reli-gieux ont donné à bail à vie à Pierre, pour lui , sa future épouse et leurs enfans , jusqu'à trois générations, différens domaines moyennant 900 fr. par an.

Pierre est décédé, on a voulu obliger ses héritiers à comprendre cet usufruit dans la déclaration qu'ils ont faite des biens de sa succession, ils s'y sont refusés en alléguant que ce n'est point le décès de leur père qui leur a transmis cet usufruit, mais bien l'acte du 15 mai 1779, lequel a supporté, dans le temps, tous les droits dont il était passible; que le décès de leur père est seulement l'époque de leur entrée en possession d'un bien dont la jouissance leur a été aliénée par un acte en forme, mais qu'il n'opère en leur faveur aucune nouvelle transmission.

Il leur a été répondu que la loi du 22 frimaire assujettit au droit d'enregistrement toutes les mutations d'immeubles en propriété ou usufruit, or il est évident que la jouissance vendue par les religieux à Pierre et ses descendans, leur est transmise par son décès, qu'elle fait partie des droits réels qui composent sa succession, et que la déclaration doit en être passée, et les droits acquittés comme pour les autres biens.

Nous ne partageons point cette dernière opinion; d'abord il ne s'agit point ici d'une propriété, mais seulement d'une jouissance incertaine, et cette jouissance n'est point transmise aux enfans par le décès du père, puisqu'il existe un acte qui transmet la jouissance aux enfans du preneur jusqu'à trois générations.

Les baux à vie sont des aliénations ou espèces de ventes d'usufruit d'un héritage, pendant la vie du preneur ou pendant celle du bailleur, moyennant une somme par chaque année.

Dans l'hypothèse, les preneurs sont Pierre, sa femme et leurs enfans, jusqu'à trois générations; l'acte étant relatif à tous, sa durée se trouve donc limitée à l'extinction de la troisième génération : or chacune de ces générations se succède bien à la vérité l'une à l'autre dans l'exercice du droit de jouir de la chose, mais celle qui précède ne transmet à celle qui la suit aucune propriété ni aucune jouissance directe de cette même chose, puisque l'acte est pour tous le titre de concession primitif, et qu'aucun des usufruitiers ne peut nullement s'opposer pendant la durée de sa jouissance, à l'exécution des dispositions précises de l'acte de concession. Cet acte ayant été revêtu de toutes ses formalités, il n'est plus dû aucuns droits lors de l'entrée en possession des nouveaux usufruitiers ; pour faire sentir l'exactitude de ce principe, on suppose que le bail, dont il s'agit, ait été consenti en faveur de quatre personnes différentes ; toutes présentes et acceptant dans l'acte, mais sous la condition néanmoins que chacune d'elle ne jouira de la chose qu'au prédécès des unes des autres, dans ce cas, on demande si après le décès du premier usufruitier, le second devrait un nouveau droit d'enregistrement pour sa mise en possession de l'objet ? Non sans doute ; le prédécédé ne fait aucune transmission, ni feinte, ni réelle à celui qui lui succède dans cette jouissance, celui-ci la tient de l'acte de création, il doit donc en être de même des enfans à l'égard de leur père, parce que le décès est seulement l'accomplissement de la condition qui assigne l'époque de leur entrée en jouissance, mais il n'opère aucune transmission de jouissance.

Au surplus, le tribunal de cassation, par un jugement du 11 germinal an 9, a, dans une affaire absolument semblable, consacré les principes que l'on vient de développer Une femme avait acquis un bien conjointement avec son mari, pour appartenir en totalité au survivant, cette femme ayant survécu à son mari, on lui répéta le droit d'enregistrement, résultaut de la moitié qu'elle recueillait par l'échéance de la condition éventuelle stipulée dans le contrat d'acquisition ; cette demande fut rejettée par jugement du tribunal civil du Rhône, du 7 nivôse an 3. On s'est pourvu en cassation contre ce jugement, mais la requête n'a point été admise.

ART. 1299.

Un notaire peut-il sans contravention relater un acte sous-signature-privée, dans un testament ?

L'article 41 de la loi du 22 frimaire an 7, porte :

" Les notaires, huissiers-greffiers et les
" secrétaires des administrations centrales et
" municipales ne pourront délivrer en brevet,
" copie ou expédition, aucun acte soumis à
" l'enregistrement sur la minute ou l'original,
" ni faire aucun autre acte en conséquence, avant
" qu'il ait été enregistré, quand même le dé-
" lai pour l'enregistrement ne serait pas encore
" expiré, à peine de 50 francs d'amende outre
" le paiement du droit ".

Cette disposition ne contenant aucune exception, a fait douter si, dans l'espèce proposée, le rappel d'un acte sous-signature-privée ne présentait point une contravention.

Mais on ne peut ni ne doit assimiler un testament aux autres actes.

L'officier public qui rédige les actes de dernière volonté d'un individu, n'est que rédacteur de ses dispositions , et ne peut , sous ce premier point de vue , refuser les déclarations qu'il lui dicte.

C'est en second lieu un fait qu'il constate et non un acte qu'il reçoit, car l'insertion au testament de l'acte sous-signature-privée ne serait pas suffisante pour lui donner une date qu'il ne peut obtenir que par le décès d'une des parties, à défaut d'enregistrement.

C'est par cette raison qu'un notaire peut, sans contravention, relater dans un inventaire tous les actes sous - signature - privée, trouvés dans les papiers d'un décédé, ou absent.

Les dispositions de l'article 41 ne nous paraissent donc point applicables à l'espèce.

ART. 1300.

CESSION DE LA PERCEPTION DES CONTRIBUTIONS D'UNE COMMUNE.

Le droit est-il dû à raison de 50 centimes par 100, sur le montant de la remise accordée au percepteur, ou d'un franc par 100 sur la même remise ?

D'après le nombre 3 , paragr. 2 de l'article 69 de la loi , les seules adjudications au rabais de la perception des contributions, sont passibles du droit de 5o centimes pour 100 sur le montant de la remise du percepteur ; la cession par un percepteur à une autre personne du bénéfice de son adjudication , est une convention entre particuliers , qui doit le droit à raison de 1 franc par 100 , conformément au nombre premier du paragr. 3 dudit article 69 de la loi du 22 frimaire an 7.

A R T. 1301.

Une municipalité a acquis des biens natio-
naux qu'elle a revendus en 1792 L'acte
n'a point été enregistré : est-on fondé à
percevoir le double droit , et d'après
quelle loi la perception doit-elle être
faite ?

Ce droit doit être perçu conformément à la loi du 5 décembre 1790 , qui n'a assujetti les ventes et *reventes* de biens nationaux faites par les municipalités , qu'au droit fixe de 15 sous pendant les cinq années de l'adjudication , accordées par le décret du 14 mai 1790.

En effet, la revente dont il s'agit , étant un acte administratif, le secrétaire de la municipalité aurait dû le faire enregistrer dans le mois de sa date. Il n'est donc passible que du droit fixe de 75 centimes par chaque acquéreur.

Quant au double droit, il a été décidé plusieurs fois, notamment le 27 ventose an 6, qu'il n'en était pas dû pour les actes des corps administratifs antérieurs à la loi du 9 vendémiaire an 6, cette loi étant la première qui ait prononcé cette peine. Le double droit n'est pas exigible dans l'espèce.

(*Décision du ministre des finances, du 18 brumaire an 11.*)

ART. 1302.

CONTRAT DE VENTE.

Dans lequel est énoncé un precédent contrat de même nature, mais sans désignation de sa date, et s'il a été enregistré ; donne-t-il lieu, contre le notaire, à l'amende de 50 francs, prononcée par l'article 42 de la loi du 22 frimaire an 7, et à la poursuite du recouvrement des droits et doubles droits résultans dudit acte, dans le cas où il ne pourrait être justifié, qu'il a été préalablement enregistré dans les délais.

Voici l'espèce ; par un acte notarié du 22 prairial an 9, il est fait vente d'un immeuble moyennant 1500 fr. payés comptant, avec déclaration par l'acquéreur que le prix de ladite acquisition provient des deniers par lui reçus de la vente qu'il a faite conjointement avec ses frères et sœurs.

Le receveur ayant demandé la représentation du contrat de vente énoncé et non daté dans celui du 22 prairial an 9, il lui a été justifié que postérieurement à celui-ci, l'acte de vente y rappelé, avait été passé par-devant notaire, et enregistré.

C'est dans cet état que se présente la question de savoir quels sont les droits auxquels donne lieu l'énonciation particulière faite dans l'acte du 22 prairial an 9, d'une précédente vente.

On a pensé que cet acte ne laissant pas de doute que la vente y rappelée avait été consommée antérieurement, il y avait lieu à percevoir les droits d'enregistrement de cette vente, et le double droit, attendu qu'on ne peut pas supposer que ladite vente était encore dans le délai de 3 mois, et que d'ailleurs on ne pourrait en aucun cas, et quand même cet acte serait représenté avoir aucun égard à sa date, puisqu'il n'est pas vraisemblable qu'on ait omis de le faire enregistrer avant celui du 22 prairial an 9, ou du moins en même-tems, s'il eut été encore dans le délai utile.

A cette opinion on a ajouté celle que le notaire ayant énoncé cette vente dans un acte public, sans le dater, et sans s'être probablement assuré qu'il avait été enregistré, a encouru l'amende de 50 fr. prononcée par l'article 42 de la loi du 22 frimaire an 7, et que c'est également contre lui que doit être suivi le recouvrement des droits résultans dudit acte sous seing-privé, sauf la déduction de celui qui sera justifié avoir été payé pour le même acte, rédigé postérieurement devant notaires.

Nous ne partageons pas ces deux avis, il est bien constant que la vente du 22 prairial an 9 rappelle une vente précédente, mais d'une part rien n'indique que la première eut à cette dernière époque plus de 3 mois de date, il faudrait donc prouver ce fait pour être autorisé à exiger le double droit ; d'un autre côté, on ne peut pas soutenir qu'il y ait contravention par le notaire, à l'article 42 de la loi du 22 frimaire an 7, puisqu'il s'est borné à rappeler, en termes généraux, la vente, sans mentionner la forme dans laquelle elle avait eu lieu, ce qui lui laisse la faculté de prétendre qu'il l'a crue verbale, du moins cette assertion serait vraisemblablement accueillie par les tribunaux qui, se renfermant dans les termes de la loi du 22 frimaire an 7, et prenant en considération d'une part, la présomption admise par l'article 4 de la loi du 27 ventose dernier, et de l'autre, la circonstance que le droit principal est payé, déchargeraient l'officier instrumentaire et de l'amende et du paiement des droits résultans dudit acte.

A R T. 1303.

T I M B R E.

Les rescriptions tirées par les banquiers du trésor public sur les payeurs des départemens, sont-elles sujettes au timbre?

Cette question présentait des doutes, en ce que l'art. 61 de la loi du 13 brumaire an 7 n'exempte de la formalité du timbre, que les effets publics. Mais le ministre du trésor public a décidé, le premier brumaire an 11, que les rescriptions des banquiers du trésor public devaient être considérées comme valeurs du trésor public. Elles ne sont point, comme telles, sujettes au timbre.

A R T. 1304.

D O M A I N E S N A T I O N A U X.

REVENTES SUR FOLLE ENCHÈRE.

A qui l'excédent du prix de la revente doit-il étre remis?

Des acquéreurs de domaines nationaux ont été dépossédés à défaut de paiement en tems utile : les biens ont été revendus sur leur folle enchère. Le prix de la revente a excédé celui de l'adjudication primitive : ils ont prétendu qu'en qualité de débiteurs principaux et de garans du prix de la première vente, ils devaient obtenir l'excédent, puisqu'ils eussent supporté la perte, si le prix de la revente eût été inférieur : un préfet avait accueilli cette prétention.

Mais ces acquéreurs ont été rappellés à l'exécution des dispositions des articles 5 de la loi du 2 fructidor an 5, et 17 de celle du 26 vendémiaire an 7, suivant lesquelles l'excédent du prix de la revente, s'il y en a, est payable au trésor public.

Notice des Instructions générales.

Instruction du 20 brumaire an 11, n°. 97. Les traites ou obligations pour prix de coupes de bois et fermages qui ont été cédées à des particuliers, ne sont remboursables qu'autant qu'elles auront été protestées à leur échéance, mais il n'en est pas de même de celles qui seraient dans les caisses du trésor public, ou qui auraient été remises à ses payeurs ou banquiers. Celles-ci doivent être remboursées, quoique le protêt n'ait été fait qu'après l'échéance. — Ordre d'en poursuivre le recouvrement.

Autre du 20 dudit, n°. 98. Les biens échus à la république, par des partages de successions non encore vendus, ne doivent pas plus être rendus aux créanciers rayés, éliminés ou amnistiés que ceux qui lui sont échus par des partages de présuccession.

Autre du 27 dudit, n°. 99. Instruction sur le mode de remboursement du crédit à ouvrir aux percepteurs des contributions directes pour droits de timbre à l'extraordinaire des patentes de l'an 11.

Autre du 29 dudit, n°. 100. L'instruction des instances d'ordre et de distribution du prix de vente des biens sur lesquels l'administration a pris des inscriptions hypothécaires pour sûreté des créances nationales, doit être suivie au nom de l'administration, par le ministère d'avoué, et dans la forme ordinaire, sauf le cas où un débiteur envers la nation, contestera la validité de l'inscription, alors il faudrait instruire par simples mémoires.

INSTRUCTIONS

DÉCADAIRES

Sur l'enregistrement, droits y réunis, et domaines nationaux,

Rédigées par une Société d'Employés de la Régie de l'Enregistrement et du domaine national.

N°. 146.

A r t. 1305.

ENREGISTREMENT.

Toutes les significations faites d'avoués à avoués ne sont-elles sujettes qu'au droit d'enregistrement de 25 centimes, suivant l'article 15 de la loi du 27 ventôse an 9, ou, dans certains cas, ces significations peuvent-elles donner lieu à un droit plus considérable ?

Le ministre des finances, consulté sur cette

question par le ministre de la justice, a répondu par une lettre du 4e. jour complémentaire, en ces termes :

« Il est constant que les significations d'avoués à avoués, ont toujours été assujetties à l'enregistrement. L'article 2 de la loi du 19 décembre 1790 était positif sur ce point, puisqu'il indiquait les exploits des huissiers, sans aucune exception, et que le n°. 3 de la première section de la troisième classe du tarif annexé à cette loi, réglait à 25 centimes les significations faites entre les défenseurs des parties. Le conseil ou comité que le cit. Duport, ministre de la justice en 1791, avait établi pour faciliter l'exécution des nouvelles lois, consulté sur ce point, a décidé que, d'après celle du 19 décembre 1790, la formalité et la perception devaient avoir lieu, même pour les avenirs.

» Aucune loi postérieure n'avait dérogé à ce principe, et le rétablissement des avoués entraînait nécessairement l'obligation de faire enregistrer les significations faites entr'eux, puisque ce sont des actes d'huissiers que la loi du 22 frimaire an 7, assujettissait expressément à cette formalité comme tous les autres exploits. On ne doit donc pas considérer que cet enregistrement n'est que le résultat de l'article 15 de la loi du 27 ventôse an 9. Le but de cet article n'a été que de réduire à 25 centimes le droit qui, sans cela, aurait été exigible à raison d'un franc, aux termes du n°. 30 du paragr. premier de l'article 68 de la loi du 22 frimaire an 7. Mais cette réduction doit être strictement bornée aux significations d'avoués qui n'ont pour but que l'instruction de la procédure, et non, à toutes les significations faites entr'eux, lors même qu'elles ne seraient pas de simples instructions.

» Si des parties reconnaissent pour valable une signification d'appel faite entre leurs avoués, au lieu de l'être à personne ou à domicile, nul doute que cette signification donnerait lieu au droit d'enregistrement de 5 ou de 10 francs suivant la nature du tribunal, et il en serait de même de toutes significations qui n'étant pas de simples instructions, exigent le consentement des parties et doivent naturellement se faire à personne ou à domicile. La prétention des avoués de ne payer que 25 centimes dans ces cas, n'est certainement pas fondée.

» Mais ce serait trop étendre la perception que de soutenir qu'il doit en être fait une plus forte, lorsque les significations traitent le fond

de la question et expriment des conclusions,
des interventions , des demandes incidentes ,
des preuves , des exceptions , acceptations ,
autorisations , déclarations , désistemens , offres , notifications , oppositions , consentemens , décharges , commandemens , demandes , citations, sommations, assignations , pro-
testations et main-levées.

» Si l'on supposait que tous les actes de cette
nature fussent faits d'avoués à avoués , pour
commencer une procédure, ce qui serait contraire à la règle, il n'y aurait nul doute que le
droit serait dû , sur le pied réglé par la loi du
22 frimaire an 7 ; mais s'il s'agit d'une instance commencée dans la forme ordinaire par
une assignation contenant nécessairement des
conclusions , et sur laquelle les avoués peuvent respectivement faire des écrits dans lesquels ils discutent la question , et prennent
des conclusions en forme analogues à la
demande, il me semble que les significations
de ces écrits ne peuvent donner lieu qu'au
droit de 25 centimes, parce qu'ils tendent uniquement à l'instruction du procès et n'excè-
dent pas les fonctions des avoués à qui la loi
du 27 ventôse an 8 accorde le droit de postuler et de prendre des conclusions.

» Les interventions, si elles sont provoquées

par les parties déjà en instance me paraissent dans le même cas, et il devrait en être de même pour les demandes incidentes et les exceptions qui résultent de l'instruction.

,, Si ces écrits tendent à établir des faits dont on offre la preuve, ce n'est encore qu'une affaire d'instruction.

,, Il est assez difficile de croire qu'on fait des dépôts par des significations d'avoués à avoués, et si cela était, on devrait ne pas s'arrêter au droit de 25 centimes, non plus que dans le cas des main-levées, de désistemens, offres, consentemens, décharges ; mais ce serait prêter trop à l'arbitraire que d'autoriser une perception au-dessus de 25 centimes, lorsque les écrits signifiés expriment des attestations, autorisations, déclarations, notifications, oppositions, commandemens, demandes, citations, assignations, sommations et prestations.

,, J'estime que le seul principe qui puisse être posé à cet égard, consiste à borner la perception de 25 centimes aux significations qui sont de nature à être faites d'avoués à avoués, et à percevoir suivant la loi du 22 frimaire an 7 pour toutes celles qui sont faites de cette manière, lorsqu'elles auraient dû l'être à personne ou à domicile ,,.

Le ministre de la justice, par une lettre du 12 vendémiaire an 11, a approuvé entièrement l'opinion du ministre des finances, sur la distinction à faire entre les significations qui sont de nature à être faites d'avoués à avoués, et celles qui doivent l'être à personne ou à domicile, et de laquelle il résulte que les premières sont seules dans le cas de la perception du droit de 25 centimes, tandis que les autres sont sujettes au droit d'un franc, quoique faites entre avoués.

A R T. 1306.

D É L A I,

Jours complémentaires.

Nous avons dit (art. 419 des Instructions Décadaires) *que les jours complémentaires n'appartenant à aucun mois de l'année, ils ne sont point compris dans les délais, d'où il suit qu'un bail sous-signature-privée, du 17 thermidor an 7, a pu être enregistré le 17 brumaire an 8, sans double droit.* Notre opinion ne doit s'entendre que des actes et des déclarations des mutations par décès, pour lesquels la loi du 22 frimaire an 7, et celle du 27 ventôse an 9, ont accordé un délai d'un ou de plusieurs *mois*, pendant lequel les actes peuvent être enregistrés, et les déclarations reçues sans double droit. En effet , les jours complémentaires n'appartenant à aucun *mois* de l'année, on ne peut rattacher plus particulièrement ces jours à *tel mois* qu'à *tel autre*.

Quant aux actes qui doivent être enregistrés dans *un nombre fixe de jours* , les jours complémentaires comptent pour le délai , à moins que le *dernier* jour du délai ne tombe dans les jours complémentaires. La disposition de l'article 25 de la première de ces lois étant précise à cet égard, il faut s'y conformer.

A R T. 1307.

PRESENTATIONS ET DÉFAUTS.

Question proposée.

Les présentations et défauts que les avoués sont tenus de prendre au greffe , au désir de l'ordonnance de 1667 , sont-ils sujets aux droits d'expédition ?

Réponse.

Le tribunal de première instance de Paris a pensé que les présentations n'étaient point actes de greffe d'après l'ordonnance de 1667 , qui porte que l'avoué du demandeur sera tenu de porter son nom au greffe , et qu'en consé-

quence il suffisait d'ouvrir au greffe un registre en papier timbré , sur lequel chaque
avoué du demandeur ou du défendeur viendrait coter son nom par ordre de date et n°. ;
pour l'exécution de cette mesure , l'avoué remet
au greffe son acte de présentation rédigé sur
une feuille de papier à 25 centimes, l'employé du greffe met au bas de cet acte , le
n°. et la date de l'inscription au registre. Cet
acte, qui n'est signé que de l'avoué , n'est soumis à aucun droit de greffe , mais seulement
au droit fixe d'enregistrement d'un franc , et il
ne reste de cet acte que l'inscription au registre
du greffe.

Le petit défaut est enregistré sur la minute
dans les vingt jours de sa date , et paie un
franc de droit d'enregistrement. L'expédition
qui en est délivrée est passible du droit de
greffe à raison d'un franc par rôle.

Il en est de même pour les droits de greffe ,
ainsi que pour l'enregistrement sur la minute
des grands défauts, mais les droits d'enregistrement en sont liquidés sur les dispositions
des jugemens , et sont à ce moyen ou fixes ou
proportionnels.

(25)

ART. 1308.

Une femme mariée en 1784, est séparée de corps en 1790 ; à la suite de cette séparation, transaction entr'elle et son mari, par laquelle elle renonce à la communauté pour s'en tenir à ses reprises matrimoniales. En 1793 elle divorce. A-t-elle droit à un douaire sur les biens de son mari décédé en l'an 10, doit-elle en passer déclaration, quoiqu'elle n'ait fait aucun acte de propriété ?

C'est de la décision de la première question, infiniment importante, et par sa nouveauté et par le opinions diverses qu'elle a fait naître, que dépend la solution de celle relative à l'enregistrement.

Plusieurs jurisconsultes prétendent que dans l'espèce dont il s'agit, le douaire n'a pu être réglé à l'époque de la séparation de corps, puisqu'il était alors purement éventuel, que l'ouverture de ce douaire étant postérieure à la publication de la loi du 20 septembre 1792 sur le divorce, cette loi qui le supprime, n'a point d'effet rétroactif, que le douaire de la femme étant un droit sur les biens du mari *décédé*, il ne peut exister de douaire où il n'existe point d'épouse en viduité, puisqu'au moment où le ministre de la loi prononce le divorce, il brise les liens du mariage et dépouille l'homme et la femme de leurs qualités d'époux ; enfin, que la loi précitée a aboli indistinctement et dans toutes les circonstances, tous les avantages faits entre les époux divorcés.

Quelques fondés que paraissent les motifs sur

lesquels s'appuyent ces jurisconsultes, nous n'aurons pas de peine à les réfuter.

Il est un principe touchant le douaire qui n'a jamais été contesté, c'est qu'étant la récompense ou plutôt la consolation de la femme qui devient veuve, il ne peut être exigé, tant que le mari vit encore ; mais en faut-il conclure delà qu'il ne prend naissance que par la mort de celui-ci ? Faut-il en conclure que pendant le mariage le douaire n'a pas un germe, un principe d'existence ?

Non, sans doute. Le douaire de la femme lui a été assuré par son contrat de mariage, et quoiqu'on en puisse dire, elle eût dès cette époque plus qu'une simple expectative subordonnée à la survie ; un droit entier lui a été *acquis*, bien que ce ne fût que conditionnellement au prédécès du mari, il en est de la séparation de corps comme de la mort civile, par rapport au douaire ; l'une et l'autre ont pour objet d'en procurer la propriété à la femme, lors même qu'elle n'en peut point encore jouir. A son égard, ce droit se trouve dans les termes d'une obligation conditionnelle, consacrée par un acte entre-vifs ; elle a déjà le droit d'en disposer à son gré par forme de subrogation, elle peut faire des actes conservatoires, s'inscrire pour le maintien de son privilège ; seulement il ne lui est pas donné d'en demander encore le paiement. Tel est l'effet des conditions suspensives insérées dans les actes que la chose est déjà due, quoiqu'elle ne soit pas encore exigible. La femme est déjà créancière, l'objet du douaire est déjà dans son domaine, mais l'action qui en résulte, elle ne peut l'exercer que lorsqu'elle est devenue veuve.

La femme, dont il s'agit, qui avait été sous les lois

anciennes séparée de corps , n'avait pas par-là même
perdu les avantages qui lui étaient assurés par son
contrat de mariage , ils n'ont pu l'être non plus sous
l'empire des lois nouvelles ; ces dernieres n'ont rien
changé à ce qui existait et à ce qui avait existé avant
elles , seulement elles ont introduit un droit nouveau
quant au divorce , et elles ne l'ont établi que pour
l'avenir. Ainsi , à l'époque de la loi du 20 septembre
1792 la femme dont est question avait un droit dont
elle ne pouvait involontairement être dépossédée.
Cette loi eut commis une injustice de le lui enlever ,
puisqu'auparavant , si le mari eût aliéné ses biens , sa
femme n'eût pas perdu son droit d'hypothèque, quand
même elle n'aurait pas formé opposition , sa créance
aurait toujours suivi l'immeuble , ce qui prouve , à-
la-fois , que la femme avait un droit et que le mari ,
par son propre fait , n'a pas eu la faculté de l'a-
néantir.

Au surplus , en s'arrêtant à la première réflexion
qui se présente , on demande comment il se peut
qu'une loi de 1792 , dépouille la femme d'un droit
qu'elle avait acquis en 1791 , qu'elle éteigne un titre ,
une créance déjà existante , quoique conditionnellement. Cette idée de rétroactivité , d'incohérence dans
les principes paraît déjà révoltante , mais elle le devient plus encore , lorsque l'ensemble et l'esprit de la
loi s'y opposent formellement.

En effet , l'article 10 de la loi du 20 septembre
1792, au paragraphe ayant pour titre : *Effets du di-*
vorce par rapport aux époux , porte expressément
que dans le cas du divorce pour *séparation de corps* ,
les droits et intérêts des époux resteront réglés ,
comme ils l'ont été par les *jugemens de séparation* ,

et selon les *lois existantes* lors de ce jugement, ou par les actes et transactions passés entre les parties.

D'après cet article et les principes que nous venons de développer, principes consacrés par le tribunal de cassation, notamment par son jugement du 23 germinal an 10, nous estimons que la femme, dans l'espèce, a droit à un douaire sur les biens de son mari, que ce douaire lui a été acquis sous la condition de survie en 1790, lors de la séparation de corps ; que cette condition ayant cessé par le prédécès de son mari, elle est fondée à en demander la jouissance, et qu'en conséquence, elle doit en passer déclaration.

ART. 1309.

TIMBRE.

Un effet de 2,000 francs est rédigé en livres tournois, faisant 2,025 livres sur papier d'un franc ; y a-t-il contravention, et peut-on poursuivre l'amende du vingtième de la somme ?

La disposition de l'article 26 de la loi du 13 brumaire an 7, qui prononce l'amende du vingtième de la somme exprimée dans un effet négociable, s'il est écrit sur papier non-timbré ou sur un papier timbré d'un timbre inférieur à celui qui aurait dû être employé, ne peut s'appliquer qu'aux énonciations des monnaies , dont la stipulation est de rigueur dans les actes. Ce fait posé , on ne pourrait voir dans l'espéce qu'une contravention à la loi du 17 floréal an 7 relative au nouveau systême des poids et mesures , aux termes de laquelle toutes transactions ou actes entre particuliers ont dû , à compter du 1er. vendémiaire an 8 , exprimer les sommes en francs , décimes et centimes , faute de quoi les sommes seront censées évaluées de cette manière , quand même elles seraient énoncées en livres , sols et de-niers.

La loi du 13 brumaire an 7 sur le timbre , n'a pas pour objet de réprimer les contraventions à celle du 27 floréal suivant. Il est cer-tain que 2,025 liv. tournois ne valent que 2,000 francs, que celui qui reçoit 2,025 livres en écus de 6 livres et de 3 livres , d'un individu qui peut ne pas savoir réduire cette somme en francs , est au moins excusable de se servir de papier du timbre d'un franc pour un effet qui , quoique stipulé à raison de 2,025 liv. , ne représente que 2,000 francs.

(*Décision du ministre des finances , du 18 brumaire an 11.*)

A r t. 1310.

REGISTRES DES OCTROIS MUNICIPAUX.

Ils doivent être à souche et sur papier timbré.

L'article 5 de la loi du 27 frimaire an 8, porte « qu'il sera fourni aux préposés aux re-
,, cettes des octrois, des registres *à souche*, sur
,, lesquels ils seront tenus de porter leurs recet-
,, tes, jour par jour, article par article, et de
,, suite, sans y laisser aucun blanc. »

Un maire avait pris sur lui d'annoncer au régisseur de l'octroi de sa commune, qu'il devait continuer de se servir des registres courans, qui n'étaient point à *souche*, *comme le prescrit la loi.*

Cela rendait impossible le rapprochement des quittances qui devaient en être détachées, et ne permettait pas de s'assurer que les quittances au-dessus de 10 francs, fussent sur papier timbré. Il paraissait, dès-lors, que l'on n'en avait agi ainsi, que pour atténuer le produit du timbre.

Le ministre des finances, informé de ces faits, a expressément recommandé de faire former ces registres à souche, en observant au surplus qu'il serait donné des ordres pour compenser ce qui aura été payé pour le timbre des feuilles qui n'ont pas servi dans les registres qu'on abandonnera, après avoir biffé le timbre, contre les droits de timbre des registres à souche qui seront montés, eu égard à leur dimension, déduction faite de la partie destinée aux quittances, en faisant frapper du timbre de 25 centimes, toutes celles du registre des perceptions au-dessus de 10 francs.

(*Lettre du ministre des finances, du 8 thermidor an* 10, *au conseiller d'état ayant le département des octrois, et la comptabilité des communes.*)

A R T. 1311.

E X É C U T O I R E.

Peut-il être délivré sur les caisses de l'administration un exécutoire à un défenseur officieux pour ses honoraires, dans un procès instruit devant un conseil de guerre d'une division militaire?

Les ministres de la justice, de la guerre et des finances pensent unanimement, qu'en pareil cas, les défenseurs officieux doivent exercer leurs fonctions *gratuitement.* (*Lettre du ministre des finances, du* 27 *vendémiaire an* 11.) Ainsi les receveurs s'exposeraient à voir rejetter de leurs comptes, les pièces de dépense de cette nature, s'ils en acquittaient ; sauf, s'il y a lieu, leur recours contre le défenseur officieux et le président du conseil de guerre, taxateur : il est donc de leur intérêt, et dans leurs obligations de refuser d'obtempérer à ces exécutoires, et d'informer leur directeur de leur refus.

Notice des Instructions générales.

Lettre du 30 brumaire an 11. Demande d'un état sommaire indicatif pour chaque bureau du nombre d'articles de rentes appartenant à la république, *au premier frimaire an* 11, et de leur montant en capital et intérêt annuel.

Instruction générale du 1er. frimaire an 11, relative aux états de situation du remboursement et du recouvrement des traites en paiement de coupes de bois nationaux, protestées ou renvoyées comme non acquittées aux receveurs des domaines. Les premiers états à envoyer sur le champ doivent faire connaître la situation au premier frimaire an 11, distinctement pour l'an 9 et l'an 10 ; à l'expiration de chaque mois, il sera formé des états semblables pour chaque exercice.

Nota. Nous avons fait imprimer les cadres d'état demandés par cette Instruction, et l'envoi en a été fait aux directeurs, qui nous ont autorisés à leur expédier, sans attendre leur demande, ceux que nous présumerions leur être utiles ; si ce premier envoi est insuffisant, nous y suppléerons sur l'avis qui nous sera donné. Nous enverrons aussi ces cadres à ceux qui désireront se les procurer, mais seulement d'après leurs demandes.

INSTRUCTIONS

DECADAIRES

Sur l'Enregistrement, les Droits y réunis, et Domaines nationaux,

RÉDIGÉES par une Société d'Employés de l'Administration de l'Enregistrement et du Domaine national.

Nº. 147.

A R T. 1312.

ENREGISTREMENT.

L'acte par lequel un citoyen déclare, soit au greffe, soit à l'audience, qu'il s'ins- crit en faux contre un rapport de saisie ou toute autre pièce, est-il sujet à la formalité de l'enregistrement, et quel est le droit dû ?

La production des moyens de faux dont le

dépôt doit être effectué au greffe dans les trois jours qui suivent l'inscription, est-elle sujette à la formalité de l'enregistrement ?

Le n°. 48 du paragr. premier de l'article 68, assujettit au droit fixe d'un franc « les actes et » jugemens de la police ordinaire et des tribu-» naux de police correctionnelle et criminelle, » soit entre parties, soit sur la poursuite du » ministère public avec partie civile, lorsqu'il » n'y a pas condamnation de sommes et va-» leurs, ou dont le droit proportionnel ne » s'éleverait pas à un franc, et les dépôts et » décharges aux greffes desdits tribunaux dans » les mêmes cas où il y a partie civile ».

Les inscriptions de faux se trouvent implicitement compris dans la nomenclature de ces actes ; il en serait autrement, que, comme acte judiciaire non dénommé, ces inscriptions seraient encore assujetties au même droit par le n°. 51.

Quant aux pièces produites pour justifier des moyens de faux, c'est leur nature qui peut ou non déterminer leur assujettissement à la formalité de l'enregistrement, mais le mémoire présentant les moyens, n'est passible que du droit de timbre, sauf le droit de la signification.

ART. 1313.

BAIL,

Un père donne à son fils un domaine à cultiver à moitié fruits, pertes et profits, pour l'exploiter pendant l'espace d'une année et les suivantes, s'il leur plaît à l'un et à l'autre de continuer ladite exploitation ; comment liquider le droit de cet acte ?

L'on avait pensé que cet acte devait être considéré comme un bail à vie, sujet au droit de 4 pour cent.

Mais par délibération du 2 vendémiaire an 11, le conseil d'administration a été d'avis que la durée du bail dont il s'agit étant fixée à une année, le droit ne devait être perçu qu'à raison de 75 centimes sur le prix d'une année, et que si cette durée est confirmée pendant les années suivantes, d'après la faculté que les contractans s'en sont réservée, le receveur pourra, aux termes de l'article 13 de la loi du 22 frimaire an 7, former chaque année que continuera l'exploitation du preneur, la demande de la représentation du nouveau bail et des droits en résultans. En conséquence, le receveur doit faire article du bail sur son sommier, pour la répétition des droits qui résulteront des jouissances ultérieures.

Cette décision est fondée sur ce que les lois des 22 frimaire an 7 et 27 ventôse an 9, graduant le droit d'enregistrement en raison de la durée de la transmission de jouissance. C'est sur cette transmission que le droit est assis. Dans un bail, la transmission n'est produite que par l'intention bien manifeste de la part du bailleur, de faire jouir le preneur pendant une époque déterminée ou illimitée, et de la part du preneur, de jouir pendant ce tems, sans pouvoir délaisser les biens avant l'époque révolué. D'après ce principe incontestable, il n'y a véritablement dans l'espèce actuelle transmission que pour une seule année, puisque ni le bailleur, ni le preneur, n'ont aucune action pour faire proroger la jouissance au-delà. Ces mots : *et les suivantes s'il leur plaît à l'un et à l'autre de continuer ladite exploitation*, qui avaient fait considérer l'acte comme un bail à vie, prouvent au contraire qu'il n'y a pas actuellement de transmission, puisqu'elle ne doit avoir lieu que par l'intention ultérieure et réciproque des parties, l'une de laisser jouir, et l'autre de continuer la jouissance.

A R T. 1314.

H Y P O T H È Q U E S.

I N S C R I P T I O N   D'O F F I C E.

Lorsque dans un contrat de vente, le vendeur renonce à l'inscription d'office, pour ce qui lui reste dû sur le prix de la vente, le conservateur des hypothèques peut-il se dispenser de faire cette inscription?

L'art. 29 de la loi du 11 brumaire an 7, porte : ,, Lorsque le titre ou mutation constate ,, qu'il est dû au précédent propriétaire, ou à ,, ses ayant-cause, soit la totalité ou une partie

,, du prix, soit des prestations qui en tiennent
,, lieu, la transcription conserve à ceux-ci le
,, droit de préférence sur les biens aliénés, à
,, l'effet de quoi le conservateur des hypothèques
,, fait inscription sur ses registres des créances,
,, non encore inscrites, qui en résulteraient.

Les conservateurs des hypothèques se sont exactement conformés à cette disposition; mais des notaires, que ces inscriptions d'office gênaient, ont pris le parti d'insérer dans leurs contrats, *que le conservateur est dispensé de prendre l'inscription d'office, les parties se réservant de la prendre quand bon leur semblera.*

On demande si, d'après cette clause, le conservateur doit, ou même peut prendre cette inscription.

Les conservateurs ont généralement pensé qu'ils ne devaient avoir aucun égard à une semblable clause, à moins qu'il ne leur fût remis une expédition du contrat pour rester en dépôt dans le bureau, afin d'avoir une pièce justificative, en cas qu'ils fussent inquiétés pour n'avoir pas pris d'inscription d'office, parce qu'ils prétendent que leurs registres ne feraient pas foi en justice pour une affaire personnelle.

C'est évidemment pour l'intérêt du vendeur que l'art. 29 de la loi du 11 brumaire an 7 oblige le conservateur à faire une inscription d'office, lorsque le titre de mutation constate qu'il lui est dû, soit la totalité ou partie du prix, etc. Or, du moment que ce vendeur, le seul intéressé à cette formalité, en a dispensé le conservateur, nous ne croyons pas que celui-ci puisse être recherché, en aucune manière, pour ne l'avoir pas remplie. Ses registres pouvant lui être opposés, il serait ridicule de penser qu'ils ne peuvent pas servir à sa décharge : ainsi dès qu'il est en état de justifier, par son registre de transcription, que le vendeur l'a dispensé de prendre l'inscription d'office, il ne peut être aucunement responsable des évènemens plus ou moins graves qui peuvent résulter de cette clause, dont le vendeur a dû prévoir les chances avant de la souscrire. Nous estimons, en conséquence, que dans tous les contrats où elle se trouve stipulée, le conservateur peut, sans compromettre sa responsabilité, se dispenser de prendre l'inscription d'office au profit du vendeur.

A R T. 1315.

La liquidation définitive faite par un tribunal de commerce des sommes dues par un armateur tant à la caisse des invalides de la marine qu'à celle des gens de mer, peut-elle être considérée comme un véri-

table jugement et donner lieu à une ins-
cription aux hypothèques ?

L'avance des droits d'hypothèques doit-elle
avoir lieu ?

Un conservateur avait pensé que la liquidation du tribunal n'était pas un titre suffisant pour recevoir l'inscription de la somme due à la caisse des gens de mer; et qu'à défaut de distinction de cette somme et de celle appartenant à la caisse des Invalides de la marine, le droit d'hypothèque devait être exigé sur la créance entière.

Cette opinion s'écarte des principes. La liquidation du tribunal de commerce doit être assimilée à une condamnation judiciaire, puisqu'elle emporte la contrainte par corps; et quand même on la considérerait comme un acte administratif, elle formerait également un titre hypothécaire, d'après la décision du Ministre des finances du 26 messidor an 7.

Sur la seconde question, il y a lieu de répondre que, d'après l'art. 23 de la loi du 22 ventôse an 7, les sommes dues à des établissemens publics doivent être inscrites, sans avance des droits d'hypothèque et des salaires des préposés, que l'administration de la marine est exclusivement chargée de tout ce qui est relatif aux prises,

et que les sommes dues aux marins et autres in-
téressés , sont payées par les trésoriers des invalides de la marine, sur les mandats du commissaire principal de la marine ; qu'ainsi la caisse des
gens de mer est un établissement public qui doit
profiter des avantages dont la loi a voulu faire
jouir les établissemens publics.

(Délibération du conseil d'administration du
30 fructidor an 10.)

A R T. 1316.

T I M B R E.

*Actes de présentations de défauts et d'affir-
mations de voyage , sur quelle forme
de papier timbré doivent-ils être ré-
digés ?*

Il s'est élevé entre le greffier , les avoués
d'un tribunal et le receveur de l'enregistrement, une diversité d'opinions sur la forme du
papier timbré sur lequel doivent être transcrits
les actes d'affirmations de voyage , de présentations et defauts.

. Le greffier et les avoués ont prétendu, qu'attendu que les actes ne contiennent que peu de
lignes d'écriture, ils peuvent être inscrits sur
une demi-feuille de 25 centimes.

Le receveur exigeait, au contraire, qu'ils fussent inscrits sur du papier de 75 centimes.

Cette difficulté a mis l'administration dans le cas de soumettre des observations au ministre des finances ; elles ont déterminé une décision qui distingue entre les minutes des actes d'affirmations de voyage, de présentations et défauts, et les expéditions de ces mêmes actes qui sont délivrées aux parties et aux avoués, et qui porte que les minutes peuvent être faites sur du papier timbré de 25 centimes, mais que les expéditions ne peuvent l'être que sur du papier du timbre de 75 centimes, nonobstant le peu de lignes d'écriture que les actes contiennent.

A R T.   1317.

VOITURES PUBLIQUES. DROITS DE MESSAGERIES.

Les voituriers qui habitent en pays étranger sont-ils soumis au droit de messagerie établi par la loi du 9 vendémiaire an 6, pour les voitures qu'ils conduisent en France?

Ce sont, dit-on, des étrangers, et le droit ne doit être supporté que par les voituriers résidens en France.

Il y a une distinction à faire : si les voituriers

se sont bornés à conduire leur voiture venant de l'étranger, dans la première ville française qui se trouve sur la route, *sans avoir pris de voyageurs, pour le retour*, il n'y a pas lieu à la perception, et le droit doit être restitué, s'il a été exigé, parce qu'une taxe de cette nature ne peut frapper sur un service exercé en pays étranger, avec l'extension indispensable sur le territoire français.

Mais, si ces individus exercent habituellement leur profession de voituriers en France, à toutes destinations, soit pour y venir, soit pour en partir, leur demande en exemption du droit est inadmissible : ils sont dans le cas de la loi du 9 vendémiaire an 6, et doivent faire leur déclaration à la première ville frontière de la République, y payer les droits, et s'y munir de la quittance et de l'estampille nécessaires.

(Décision du Ministre des finances du 9 frimaire an 11.)

ART. 1318.

DOMAINES.

Restitution à faire aux co-propriétaires de biens indivis avec la république, de la portion des revenus qui leur appartient dans la co-propriété.

Quelques co-propriétaires de biens indivis,

dont les droits sont incontestables et même reconnus par des arrêtés des autorités constituées, ont négligé de demander la jouissance de leurs droits, ensorte que la république a perçu l'intégrité des revenus ; aujourd'hui que les prévenus d'émigration co-propriétaires ont obtenu ou sont près d'obtenir leur acte d'amnistie, lesdits co-propriétaires se présentent pour obtenir, par des mandats sur les caisses de l'administration, la délivrance de leur portion dans les revenus.

Cette réclamation est-elle fondée?

Le principe que les co-propriétaires avec des émigrés, ont droit de toucher leur part dans les revenus des biens mis sous le séquestre, n'est pas nouveau, il a été consacré par plusieurs décisions du ministre des finances ; ils ont même été autorisés, par suite de ce principe, à toucher directement des fermiers, la portion dans les revenus, et lorsqu'ils ne l'ont pas touché, on leur a délivré des mandats sur la caisse de l'administration, pour des sommes équivalentes.

On doit en conclure que leurs droits n'ont pas pu se prescrire, lorsque moins empressés ou moins instruits de ce qu'ils pouvaient exiger, en attendant partage, ils n'ont rien touché ni perçu, cette circonstance ne peut jamais être une raison de leur refuser la juste restitution de leur part dans les revenus de leurs biens, au moment où on en rend la jouissance à leurs co-propriétaires.

Nous pensons donc que c'est le cas de leur rendre compte et de leur payer en numéraire effectif, tout ce qui a été reçu ou perçu pour eux, postérieurement au premier vendémiaire an 5 ; ce qui est antérieur tombant dans l'arriéré, étant soumis à la liquidation prescrite par la loi du 24 frimaire an 6.

Mais ce paiement ne peut être fait que sous la déduction de leur contingent dans tous les frais généralement quelconques, et sur les mandats du préfet, qui ne peuvent être délivrés que sur un bref état fourni par le receveur de la situation des biens, où seront établis les recettes, les dépenses de toute nature, et le restant dû à chaque co-propriétaire d'après sa quote part dans la propriété indivise : il convient, en conséquence, de vérifier soigneusement ces bordereaux afin qu'il ne puisse s'y glisser, ni erreur, ni omission préjudiciables aux intérêts du trésor public.

A R T. 1319.

Tous les acquéreurs qui ne se sont pas libérés de tous les termes échus, avant le 1ᵉʳ. frimaire an 11, encourent-ils la déchéance ?

Cette question ne paraissait pas devoir présenter de difficultés, d'après la décision du Ministre transmise par la lettre du Directeur général du 17 thermidor an 10. Cependant des acquéreurs, en vertu de la loi du 26 vendémiaire an 7, ont prétendu que nonobstant l'expiration du délai, ils avaient encore la faculté de se libérer, en payant les termes échus du prix de leurs adjudications, et en souscrivant leurs obligations pour le surplus.

Ils se fondaient 1°. sur ce que la loi du 26 vendémiaire an 7, au moyen du paiement du premier douzième de la mise à prix en numéraire, dans les dix jours de l'adjudication, et des obligations qui devaient être souscrites à cette époque pour le surplus du prix des ventes, accordait trois années pour l'entier acquittement de ce prix.

2°. Sur ce que la même loi ayant prescrit de suivre les formes établies par les art. 15, 16, 17 et 18 de celles du 16 brumaire an 5, à l'égard des acquéreurs déchus dont les biens devraient être revendus à la folle-enchère, ils semblent admissibles à remplir encore aujourd'hui les obligations dont ils étaient tenus dans les dix jours de l'époque des ventes.

3°. Enfin sur ce que la loi du 11 frimaire an 8, n'ayant au contraire prononcé que la déchéance pure et simple contre les acquéreurs qui refuseraient de se conformer aux dispositions de cette loi, il ne leur reste

aucun moyen de se soustraire à cette déchéance, itéra-
tivement prescrite contre ceux qui ne se sont pas libérés
avant le 1er. frimaire an 11.

Pour démontrer que ces prétentions ne sont pas
fondées, et que la décision des Consuls est applicable,
sans distinction quelconque, à ceux qui se sont rendus
adjudicataires d'après cette loi, comme à ceux qui
devaient solder le prix de leurs adjudications, en conséquence des dispositions de celles du 11 frimaire an 8,
il suffirait d'établir que les premiers ne sont pas admissibles à réclamer aujourd'hui l'exécution des conditions dont ils ont refusé de profiter; car si leurs demandes étaient accueillies, il en résulterait qu'ils pourraient ajourner indéfiniment leur libération, et qu'ils
auraient été autorisés à rendre illusoires les dispositions
de l'art. 12, qui affectaient au service extraordinaire
de l'an 7 les obligations consenties par les acquéreurs.
D'après la circulaire du Ministre des finances aux administrations centrales, et les instructions que contient en conséquence la circulaire de l'administration,
n°. 1417 *bis*, d'un côté l'adjudicataire avait effectivement trois ans pour s'acquitter, mais de l'autre le trésor
public devait avoir en sa possession, dans les dix jours
de l'adjudication, le prix entier du bien.

Loin que les acquéreurs, en vertu de la loi du
26 vendémiaire an 7, puissent induire de ses dispositions qu'ils sont encore admissibles à se libérer des
termes échus, et à souscrire leurs obligations pour le
surplus, les biens ne leur ayant été adjugés que sous la
condition expresse d'en solder entièrement le prix dans
les dix jours de l'adjudication, tant en numéraire qu'en
cédules. Il en résulte, au contraire, qu'ils ont nécessairement perdu la faculté dont ils pouvaient profiter,

et qu'ils ont encouru la déchéance prononcée par la décision des Consuls. D'ailleurs ils n'ont aucun motif pour se soustraire à cette déchéance, puisqu'en admettant leurs prétentions, ils étaient au moins tenus de solder les termes échus avant le 1er. frimaire an 11.

Ces acquéreurs n'invoqueraient pas avec plus de succès les arrêtés des Consuls des 15 nivose, 22 ventose, 9 floréal et 18 fructidor an 8. Ces arrêtés ont autorisé l'admission de certaines valeurs, en prescrivant que le versement en serait effectué pour solder la totalité du prix des ventes; mais ils n'ont pas laissé aux acquéreurs la faculté de faire ce versement dans un délai de trois ans, accordé à ceux qui se libéreraient dans les dix jours de l'adjudication en numéraire et en obligations. L'un de ces arrêtés, celui du 21 ventose, voulait que l'une de ces valeurs fût versée dans les trois mois de la date de l'adjudication : ce délai a été prorogé. Enfin le Ministre des finances, par sa décision insérée dans la circulaire de l'administration, n°. 1959, a ordonné la dépossession de tous les acquéreurs qui, n'ayant pas profité de ces arrêtés, ne s'étaient pas libérés des sommes payables en exécution des lois des 26 vendémiaire an 7 et 11 frimaire an 8.

Il est donc constant que les acquéreurs, en vertu de la loi du 26 vendémiaire an 7, qui n'ont pas rempli les conditions qui leur était imposées par les art. 7, 8 et 9 de cette loi, ou qui n'ont pas soldé, avant le 1er. frimaire an 11, le prix des biens qui leur ont été adjugés, ainsi qu'ils y étaient autorisés par divers arrêtés, sont déchus de fait.

ACTE DU GOUVERNEMENT.

Extrait des registres des délibérations des Consuls de la République.

St.-Cloud , le 28 brumaire de l'an 11 de la République française.

Les Consuls de la République, sur le rapport du Conseiller d'état chargé de toutes les affaires concernant les cultes,

ARRÈTENT :

ART. 1er. Aussitôt après la circonscription des paroisses et succursales d'un diocèse , les préfets enverront au Ministre des finances et au Conseiller d'état chargé de toutes les affaires concernant les cultes, un état des églises et des presbytères qui ne se trouveront pas employés dans cette circonscription.

II. Les préfets ne pourront mettre en vente aucune des églises , aucun des presbytères non employés dans la circonscription des diocèses, qu'après avoir obtenu une décision du Ministre des finances.

III. Le Ministre de l'intérieur et celui des finances, sont chargés de l'exécution du présent arrêté.

Notice des Instructions générales.

Lettre du 7 frimaire an 11, relative à la dépossession de tous les acquéreurs de domaines nationaux vendus avant le 15 floréal an 10, et payables en exécution des lois des 26 vendémiaire an 7 et 11 frimaire an 8, qui ne se sont pas libérés avant le 1er. frimaire.

Instruction générale du 11 frimaire an 11, n°. 102, concernant le droit fixe à percevoir sur les voitures partant d'occasion. — Cette taxe ne peut être exigée que pour le tems de l'exploitation. Décision du Ministre du 25 brumaire an 11.

Autre du 13 dudit, n°. 103 , sur le mode d'exécution de l'arrêté des Consuls du 17 ventose an 10, qui attribue aux gardes-forestiers la moitié du produit des amendes forestières. — Cette exécution doit avoir lieu à compter du 1er. vendémiaire an 10. Recette à effectuer par les receveurs de la totalité desdites amendes, et états à en fournir à la fin de chaque année.

INSTRUCTIONS

DÉCADAIRES

Sur l'Enregistrement, les Droits y réunis, et Domaines nationaux,

RÉDIGÉES par une Société d'Employés de l'Administration de l'Enregistrement et du Domaine national.

Nº. 148.

ART. 1320.

ENREGISTREMENT.

VENTE D'IMMEUBLES.

Par un même acte, on vend la nue propriété à un particulier, et l'usufruit à un autre. Comment liquider les droits d'enregistrement ?

L'usage s'était établi d'ajouter au prix de la nue propriété celui qui est déterminé pour l'u-

sufruit, et de faire acquitter par l'acquéreur de
la nue propriété d'enregistrement sur le tout,
indépendamment de celui établi pour la vente
de l'usufruit.

Il faut éclaircit la question par un exemple.
Par acte du 4 ther. an 10, Jean vend un immeuble,
savoir : à Jacques, la nue propriété, et à Pierre,
l'usufruit, moyennant 10,000 fr. pour l'usufruit,
et pareille somme pour la nue propriété. On
percevait le droit de l'usufruit sur 10,000 fr., et
celui de la nue propriété sur le prix de l'usufruit
et sur celui de la nue propriété, c'est-à-dire, sur
20,000 fr. Cette perception était conforme à une
solution insérée art. 305 de ces instructions.

Mais la question ayant été de nouveau soumise à l'Administration, elle a décidé, par délibération du ..... an 10, que la perception à
faire sur la vente de la nue propriété ne pouvait être régulièrement fixée, d'après le nombre
6 de l'art. 15 de la loi du 22 frimaire an 7, que
sur le prix convenu pour la mutation de la nue
propriété, en y ajoutant moitié du prix, c'est-à-
dire, dans l'espèce posée sur 15,000 fr. ; elle
s'est appuyée aussi sur ce que la jouissance d'u-
sufruit étant aléatoire et soumise à l'incertitude
de la durée de la vie humaine, le tiers acquéreur
de l'usufruit a pu y attacher un prix de confiance,
sur ce que l'acquéreur de la nue propriété peut

y perdre comme y gagner, et elle a conclu que cette circonstance ne doit en rien influer sur la liquidation, et n'autorise nullement à s'écarter de la base adoptée par la loi sur un terme commun et sans égard à l'âge.

Cette décision confirme, au surplus, l'opinion que nous avions émise, art. 128 et 284 de ces Instructions, et s'applique aux droits de transcription.

ART. 1321.

DÉCLARATION DE SUCCESSION.

Les héritiers bénéficiaires appellés à une succession par la renonciation de la veuve donataire, doivent-ils être admis au paiement des droits d'enregistrement résultant de la mutation, avec la remise du demi-droit en sus, lorsqu'ils se trouvent n'avoir été saisis de la propriété qu'après l'expiration des délais accordés pour la déclaration de succession ?

Dans l'hypothèse, la renonciation de la donataire est faite plus de quinze mois après le décès de celui de la succession duquel il s'agit; or, cette succession devait être déclarée et le droit payé en entier dans les six mois du décès, ne l'ayant pas été dans ce délai, il doit donc être payé à titre d'amende un demi-droit en sus de celui qui est dû pour les mutations ; ce sont les dispositions de l'article 39 de la loi du 22 frimaire an 7 ; ce droit est acquis à la république et il ne peut dépendre des délais que les héritiers peuvent mettre à accepter les successions, ou à y renoncer.

La renonciation de la veuve à la succession de son mari, en a investi ses héritiers présomptifs et bénéficiaires, mais ils ne peuvent la recueillir qu'avec ses charges, et comme elle se trouve grevée du droit d'enregistrement et demi-droit en sus que cette veuve aurait dû acquitter, ils ne peuvent se dispenser eux-mêmes d'en faire le paiement ; la loi est encore formelle à cet égard, l'article 32 du titre 5, étant en ces termes :

« La nation aura action sur les revenus des
» biens à déclarer, en quelques mains qu'ils se
» trouvent, pour le paiement des droits dont il
» faudrait poursuivre le recouvrement. »

Ces principes sont si constans, que sur les renonciations faites et produites par les donataires, les tribunaux ont toujours prononcé la décharge des demandes contre eux dirigées par les préposés de l'administration, et condamné les héritiers présomptifs et bénéficiaires à verser à la caisse de l'enregistrement le montant des contraintes, sauf à régler définitivement avec l'administration.

(Délibération de l'administration, du 12 frimaire an 11.)

A r t. 1322.

É L E C T I O N D'A M I.

Le notaire qui a reçu un acte de déclaration de command avant que l'acte de la vente qui y donne lieu ait été soumis à la formalité, est-il en contravention et encoure-t-il l'amende prononcée par l'art. 41 de la loi du 22 frimaire an 7 ?

L'affirmative ne peut être douteuse lors même que le notaire aurait reçu les deux actes le même jour. En effet, quelques considérations que présente en faveur du notaire l'identité de dates des deux actes, elles disparaissent devant le texte de la loi. L'art. 4 porte, que les notaires ne pourront faire aucun acte en vertu d'un autre soumis à l'enregistrement, avant que celui-ci ait été enregistré, *quand même le délai pour l'enregistrement ne serait pas* encore expiré, à peine de 50 francs d'amende, outre le paiement du droit ; et l'art. 59 interdit à toute autorité, à la régie et à ses préposés d'accorder aucune remise ni modération des droits et des peines pro-

noncées par la loi, sans en devenir personnellement responsable. Il y a donc lieu de
rapporter procès-verbal contre le notaire, et de
conclure à l'amende de 5o francs.

A R T. 1323.

RÉTROCESSION.

Un moulin avait été arrenté en 1788 à une
commune, moyennant la redevance an-
nuelle de 1,100 liv. au capital de 32,000.

Depuis la suppression de la banalité, le
propriétaire a actionné la commune à dé-
faut de paiement et pour dégradation. Ses
habitans, après avoir obtenu jugement en
leur faveur sur le recours au conseil d'état,
ont consenti, par transaction, à ce que le
propriétaire reprît le moulin en l'état, et
à lui payer, pour les arrérages réduits de
la rente non payée, une somme de 6,000 liv,
dont moitié comptant et moitié dans trois
ans. De quel droit cette transaction est-
elle passible ?

Pour se soustraire à l'acquit du droit principal, on a invoqué les principes qui ont bâsé
un jugement du 4 ventose an 9, par lequel le
tribunal de cassation avait ordonné la restitution de la portion de droit payée sur le capital

d'une rente foncière, charge d'un immeuble aliéné, et l'on a dit, la rente étant inhérente au fond, le propriétaire du domaine direct est rentré de droit dans le domaine utile, à défaut de paiement de la rente Il ne s'est donc opéré aucune transmission à son profit.

D'abord nous avons établi, art. 1297 que le principe dont il s'agit n'aurait pu avoir quelque fondement que sous l'empire des lois anciennes, et qu'il ne peut se soutenir depuis que la loi du 11 brumaire an 7 a mobilisé toutes les rentes.

Mais en second lieu, l'espèce n'est pas la même. Dans celle du jugement attaqué, il s'agit de savoir s'il s'opérait transmission de la portion d'un immeuble représentant la rente dont il était grevé lors de la vente de cet immeuble.

Ici c'est une commune qui renonce au bénéfice d'un arrentement moyennant un sacrifice de la part du propriétaire sur les arrérages échus. Certainement on ne peut dire que lors de l'arrentement il n'y ait pas eu transmission du domaine utile au profit de ladite commune. Il suffit qu'elle en soit entrée en possession, qu'elle en ait joui, pour que sa renonciation opère une nouvelle transmission au profit du propriétaire du domaine direct.

L'acte dont il s'agit opère donc une rétro-cession passible du droit de 4 pour cent sur la valeur actuelle du moulin rétrocédé.

Il est dû en outre le droit de 5o centimes pour cent sur 3,ooo fr. dont la commune est libérée sur le montant des arrérages ;

Et d'un franc pour cent sur les 3,ooo fr. qu'elle s'oblige à payer.

A r t. 1324.

DÉCLARATION DE SUCCESSION.

Un légitimaire est-il fondé à faire distrac-tion de sa légitime fixée en argent sur la valeur des biens dont il hérite de son frère, lorsque ces biens proviennent du père commun ?

La négative n'est pas douteuse.

1°. Parce que le légitimaire n'ayant point ré-clamé le partage du vivant de son frère, c'est une preuve qu'il s'est contenté de son legs.

2°. Parce que la légitime représentant les droits du légitimaire dans la succession du père, le paiement que l'héritier institué est obligé d'en faire, devient une dette de cette même suc-cession.

Or une dette ne peut jamais être distraite sur la valeur des biens à déclarer.

A R T. 1325.

V E N T E D E B O I S.

Par deux contrats du même jour, un particulier acquiert, d'un côté, la superficie d'un bois, de l'autre le sol de ce bois. De quel droit est passible l'acte de vente de la superficie ?

L'acquéreur a prétendu que la vente de la superficie étant purement mobiliaire, elle ne devoit être assujettie qu'au droit de 2 francs par 100 francs, aux termes de l'art. 69, parag. 5, n°. 1er.

A cette prétention, l'on a opposé que les parties n'avaient fait deux contrats que dans la vue de frauder une portion des droits, que les bois n'avaient pas été vendus pour les faire abattre, à un marchand faisant le commerce de bois, que ce n'était qu'une division simulée d'un tout, qui était de même nature ; et qu'enfin, dans les principes de la jurisprudence, les deux contrats ne sont considérés que comme une seule vente.

L'affaire portée au tribunal de la Seine, il a, par jugement du 10 fructidor an 10, décidé que le droit de 4 pour cent était dû sur la vente de la superficie, de même que sur celle du sol.

A R T. 1326.

D É P Ô T.

Versement à opérer dans le cas d'oppo-
sition entre les mains des officiers publics
dépositaires de sommes en numéraire.

Des commissaires-priseurs vendeurs de meubles ont cru être exempts de l'obligation de
verser à la trésorerie nationale le prix des ventes
de meubles qui sont frappées d'opposition.
Mais leur prétention à cet égard est entièrement
opposée à la loi du 23 septembre 1793, qui
porte (article 6 du titre 1er.) que tous dépositaires volontaires sont tenus de verser pour Paris, à la trésorerie nationale, et pour les départemens, entre les mains des receveurs de
ladite trésorerie, le montant de leurs dépôts,
au moment où il survient des saisies ou oppositions entre leurs mains.

Les commissaires-priseurs étant des dépositaires volontaires du prix des ventes de meubles
auxquelles ils procèdent, aucun motif ne peut
les dispenser de l'obligation d'opérer le versement aussitôt qu'il survient des saisies et oppositions entre leurs mains, et les préposés de
l'enregistrement chargés par l'art. 7 du même
titre, de surveiller lesdits versemens expo-

seraient leur responsabilité s'ils négligeaient de faire les poursuites nécessaires.

A R T. 1327.

T I M B R E E T E N R E G I S T R E M E N T.

Les procès verbaux des agents des ponts et chaussées , peuvent-ils être visés pour timbre et enregistrement en débet ?

Le ministre l'a décidé ainsi le 16 frimaire an 11 , par le motif que les agens sont dans le cas d'être assimilés relativement à leurs fonctions aux gardes forestiers et ruraux , et qu'ils doivent jouir des mêmes facilités pour le timbre et l'enregistrement de leurs procès-verbaux.

A R T. 1328.

C O M P T A B I L I T É.

Comment doit être poursuivi un Receveur qui n'est plus en place et qui a reçu sur ses recettes jusqu'au jour de l'installation de son successeur , des remises provisoires dont il est tenu de rendre une partie , par l'effet du réglement définitif , qui n'a pu avoir lieu que sur les produits de l'année entière ?

D'après la circulaire n°. 754 , les remises d'un bureau qui a été exercé par deux ou plusieurs Receveurs *dans le cours d'une année*, doivent être réparties, non dans la proportion de la recette faite par chacun d'eux, mais dans celle du tems de l'exercice.

Voilà le principe; mais comment faire rétablir l'excédant quand un ex-Receveur a reçu au-delà de ce qui lui revient par la liquidation définitive des remises? doit-il être poursuivi au nom de son successeur ou en celui de l'administration ?

L'administration garantit à ses préposés, la jouissance des remises qui leur sont attribuées: d'un autre côté, si l'*interim* du bureau eût été fait par un employé supérieur, les remises pendant l'exercice de cet employé, auraient accru à la masse générale des produits nets, et la somme allouée de trop à l'ex-receveur, lui aurait été répétée directement par l'administration au nom du trésor public; enfin, on peut considérer la restitution à faire, comme un véritable débet, puisque les sommes payées ne l'étaient que provisoirement; ainsi, l'ex-receveur se trouve réliquataire et comptable par le fait de la liquidation définitive de ce qu'il a reçu de trop. Il y a donc lieu de le poursuivre suivant les formes usitées pour les débets des employés de l'administration, à l'effet de l'obliger à rétablir la somme qu'il a reçue de trop, et les poursuites doivent être dirigées au nom de l'administration.

A r t. 1329.

DOMAINES NATIONAUX.

POURSUITES ET INSTANCES.

Les préfets de départemens sont-ils tenus de constituer avoués dans les instances où ils défendent, en cette qualité, les intérêts de la république ?

JUGEMENT DU TRIBUNAL DE CASSATION.

Par une décision insérée au n°. 739 de ce journal, le ministre de la justice avait prononcé que l'article 94 de la loi du 27 ventose an 9, qui donne aux avoués le droit exclusif de postuler, ne dérogeant point à celles des 11 septembre et 19 décembre 1790, 9 octobre 1791 et 22 frimaire an 7, qui veulent que les procès à instruire par la Régie de l'enregistrement, le soient par simples mémoires, sans le concours d'hommes de loi, avoués ou défenseurs officieux. Le ministre des finances, en transmettant cette décision au préfet de ......, lui avait observé qu'il pouvait cependant constituer avoué dans les questions majeures de propriété.

Depuis un jugement rendu par le tribunal d'appel séant à Paris le 23 ventose an 9, avait décidé que les préfets dévaient employer le ministère d'un avoué pour les actes de procédure, et ordonne, en conséquence, que le préfet du département de la Seine serait tenu de réitérer, par le ministère d'un avoué, l'opposition qu'il avait formée par acte extrajudiciaire, à l'exécution d'un jugement obtenu contre lui par défaut, faute de comparoir.

Ce jugement dénoncé d'office au tribunal de cassation, le commissaire du gouvernement a exposé, dans son réquisitoire, que l'arrêté du gouvernement du 10 thermidor an 4, qui charge spécialement les commissaires du gouvernement de lire à l'audience les mémoires qui leur auront été adressés par les commissaires près les administrations, et de prendre telles conclusions que la nature de l'affaire leur paraîtra exiger, n'avait point été abrogé par l'article 94 de la loi du 27 ventôse an 8 ; que d'ailleurs, un arrêté des Consuls, postérieur à cette loi, lève tous les doutes qu'aurait pu faire naître cet article, puisqu'il ordonne, article 14, l'exécution de l'arrêté du 10 thermidor an 4.

Le même article, ajoute ce commissaire, veut que les affaires soient jugées sans frais. Le ministère de l'avoué exige des frais contre le but de cet arrêté ; l'intention manifeste du gouvernement est donc qu'il n'y ait pas d'avoué, soit dans les instances relatives aux hospices, dont parle spécialement l'arrêté du 7 messidor an 9, soit dans toute autre instance qui intéresse la république. Quelle nécessité de faire intervenir à ses dépens le ministère d'un avoué, tandis qu'il existe auprès de chaque tribunal un fonctionnaire public, spécialement chargé par sa place de tout ce qui concerne le gouvernement et l'ordre public ? Il faut donc en conclure que le droit exclusif des avoués, prononcé par l'article 94, se borne aux instances qui concernent les particuliers.

Ces motifs ont déterminé le jugement rendu le 29

thermidor an 10, par le tribunal de cassation. Il est ainsi conçu :

« Vu ...... l'article 94 de la loi du 27 ventôse an
» 8, l'article 2 de la loi du 19 ventôse an 4, l'arrêté
» du directoire exécutif du 10 thermidor suivant, l'ar-
» rêté des Consuls du 7 messidor an 9. »

Considérant ...... que la loi du 27 ventôse (art.
94) relative aux avoués, n'est applicable qu'aux
affaires entre particuliers ; « qu'à l'égard de celles qui
» concernent la république, les autres lois ci-dessus
» citées constituent les commissaires du gouverne-
» ment seuls dépositaires de l'intérêt national, et les
» autorisent à faire ce que les avoués font dans les
» affaires qui ne regardent pas la république.

» Le tribunal annulle, pour contravention aux lois,
» le jugement du 23 ventôse an 9. »

Notice des Instructions générales.

Instruction générale du 16 frimaire an 11, n°. 104.
Concernant les papiers marqués de l'ancien timbre
à renvoyer au magasin général par les distributeurs
particuliers. Distinction à établir dans les nouveaux
inventaires à former le 1er. nivôse prochain.

Autre du 25 dudit, n°. 105. Sur les mesures à prendre
eu cas de décès des dépositaires de chevaux réservés
pour train d'artillerie, et le versement du prix aux
caisses de l'administration, lorsque les chevaux
n'auront pas les qualités nécessaires pour ce service.
— Arrêté des Consuls du 3 brumaire an 11, d'après
lequel le prix des chevaux inutiles au service du train
d'artillerie, doit être versé entre les mains du receveur de l'enregistrement.

Autre du 30 dudit, n°. 106. Concernant le paiement
pendant l'exercice de l'an 11, des frais de justice des
tribunaux militaires, et le remboursement des avances
faites sur les caisses d'administration, pour dépenses

judiciaires de toute espèce. — Nature des dépenses à acquitter et états à former à la fin de chaque trimestre pour en constater l'avance.

Autre du 30 dudit, n°. 107. Relative à la formation des rôles de la taxe de fabrication de tabac, pour l'an 11; mesures provisoires pour la vérification des déclarations des fabricans, l'arrêté des rôles et le recouvrement de leurs taxes.

A V I S.

Nous nous occupons dans ce moment de l'impression des Instructions générales émises jusqu'au 1er. nivôse, et de toutes les lettres du Conseiller d'Etat Directeur général de l'Administration aux six Administrateurs, qui forment la suite et le complément des Instructions générales. Cette collection faite avec le plus grand soin, présentera toutes les notes propres à abréger les recherches, et sera suivie d'une table alphabétique raisonnée.

Nous espérons la faire paraître dans le mois de pluviôse prochain.

Le cit. Couhart Duvernet, ancien jurisconsulte près le tribunal d'appel à Riom, département du Puy - de - Dôme, ouvrira dans cette commune, le premier nivôse an 11, pour finir le 30 fructidor suivant, un Cours de droit, de notariat, d'administration et de procédure, divisé en 130 leçons, dont un tiers pour la théorie, et le reste pour la pratique.

Le but de cet établissement est de disposer la jeunesse à l'intelligence des codes qui se préparent, et aux leçons de l'académie de législation qui en a adopté le plan, et dont le cit. Duvernet est affilié.

INSTRUCTIONS

DECADAIRES

Sur l'Enregistrement, les Droits y réunis, et Domaines nationaux,

Rédigées par une Société d'Employés de l'Administration de l'Enregistrement et du Domaine national.

Nº. 149.

Art. 1380.

ENREGISTREMENT.

Un jugement portant resiliation d'un acte du consentement des parties pour cause de lésion, non prouvée, et contestée d'abord par l'une des parties qui n'a consenti ensuite au résiliement qu'à condition d'être remboursée des sommes qu'elle avait payées, est-il sujet au droit proportionnel ?

Le 10 germinal an 8, il fut passé entre trois

frères des accords privés par lesquels l'aîné devint acquéreur de tous les droits des deux autres , dans les successions paternelles et maternelles, moyennant une somme de 50,000 francs dont 25,000 francs pour chacun des deux cadets.

L'aîné s'étant refusé à exécuter ces accords , il lui fut signifié plusieurs actes pour l'y contraindre ; mais au moment de former une demande judiciaire, les cadets se trouvèrent hors d'état d'acquitter les droits d'enregistrement , des accords , ils en remirent un double au receveur de l'enregistrement qui poursuivit jusqu'à jugement, contre l'aîné , le paiement du droit de mutation qui en résultait en sa faveur.

De leur côté les cadets formèrent une demande en résiliation causée pour lésion.

Sur cette demande en lésion il est intervenu un jugement le 24 messidor an 9 , qui constate que par acte du 5 prairial précédent, le frère aîné a consenti au résiliement demandé et a cité ses deux cadets pour se voir condamner à lui rembourser toutes les sommes qu'il avait payées tant à eux qu'aux créanciers communs et à leurs créanciers personnels , suivant l'état qu'il en fournirait appuyé de pièces justificatives.

Que par autre exploit du 5 du même mois l'aîné s'est désisté de ladite assignation sous toutes réserves de droit.

Et que par autre exploit du 13 du même mois il a rétracté son désistement et a déclaré persister dans sa citation en résiliement des accords dans le surplus de ses conclusions.

C'est d'après ces actes que les cadets ont conclu devant ce tribunal à ce que demeurant la reconnaissance formelle faite par l'aîné de la légitimité de leur demande en lésion, lesdits accords soient résiliés du consentement de leur aîné, et le tribunal, considérant « qu'il demeure
» convenu par toutes les parties qu'il existe
» entre elles un premier acte de partage, sous
» la date du 10 germinal an 8, que cet acte
» attaqué par l'action de rescision du tiers au
» quart de la part des cadets, renferme vérita-
» blement lésion dont ceux-ci se plaignent
» puisqu'il résulte des actes du procès que
» l'aîné a contesté d'abord ladite lésion dans le
» verbal de non conciliation du 5 vendémiaire
» an 9, l'a reconnu ensuite dans sa citation du
» 3 prairial en demandant lui même que cet
» acte fut résilié, qu'il l'a de nouveau contesté
» le 5 du même mois par le désistement qu'il
» fait de cette citation, et qu'il a fini par la re-
» connaitre irrévocablement dans son dernier
» libelle du 13 du même mois.

« Considérant, dans le droit, que les pre-
» miers traités de famille sous le titre de par-

,, tage sont nuls et de nul effet, lorsque l'égalité
,, a été rompue et excéde la valeur du quart
,, des biens à partager.

,, Considérant que la défense de l'aîné et
,, l'exposé en ses libelles établissent suffisam-
,, ment et sans autre preuve que cette égalité
,, a été violée à son profit, au préjudice des
,, autres co-partageans, que dès-lors il en faut
,, prononcer la résiliation, soit d'après la loi
,, soit d'après l'adhésion, soit encore parce
,, qu'il demeure établi que les accords n'ont
,, reçu aucune exécution.

,, Par ces motifs le tribunal, sans préjudice
,, des droits, exceptions et réservations respec-
,, tivement faites par les parties, déclare les
,, accords passés entre elles, le 10 germinal
,, an 8, qui n'ont reçu aucune exécution,
,, résiliés et comme non avenus, remet les
,, parties au même état, etc. ,,

C'est ce jugement qui a été considéré comme
une rétrocession faite par l'aîné en faveur de
ses cadets des biens qui lui étaient acquis par
l'acte du 10 germinal an 8, et sur lequel il a
été perçu le droit proportionnel de 4 pour 100.

Cette perception a été contestée, sur le
fondement que les accords passés entre les
parties n'avaient reçu aucune exécution, qu'ils
étaient d'ailleurs entachées d'une nullité radicale,

et que cétait ici le cas de l'application des dispositions du nombre 7 parag. 3 dé l'article 68
de la loi du 22 frimaire an 7.

Mais il a été prouve que les accords résiliés
avaient reçu leur exécution avant et pendant le
cours de l'instance en rescision, soit en vendant
par l'aîné, en son propre et privé nom, une
partie des biens, soit parce que les cadets, en
vertu des mêmes accords, s'étaient logés dans la
partie de la maison qui leur était réservée par
une clause de l'acte, tandis que de son côté,
l'aîné occupait la partie restante telle que le
même titre l'avait déterminé.

Au surplus, cette preuve était surabondante, le
jugement dont il s'agit établit qu'une demande
en rescision a été intentée par les cadets, que
la lésion prétendue a d'abord été contestée par
l'aîné qu'il a reconnu ensuite, puis contestée de
nouveau et enfin reconnue irrévocablement
d'où il suit que la lésion n'a pas été constatée,
que le jugement ne l'a reconnue et n'a prononcé
la résiliation des accords que du consentement
réciproque des parties.

Toutes les lois rendues sur l'enregistrement
exigent que les conventions n'aient reçu aucun
commencement d'exécution, et que l'acquéreur
ne soit entré ni en jouissance ni en paiement de
son acquisition. Ici la citation du 3 prairial an

9, annonce que l'aîné était entré en paiement, puisqu'il ne consent à la résiliation de l'acte qu'à condition qu'il sera remboursé de toutes les sommes qu'il a payées, tant à ses cadets qu'à leurs créanciers et aux créanciers communs.

Quant à la loi du 22 frimaire an 7, elle veut nombre 7, parag. 3 de l'article 68, que la résolution du contrat, soit pour cause de nullité radicale et les actes de la procédure ni le jugement ne parlent pas de cette cause.

Enfin l'article 12 de la loi du 27 ventose an 9, confirme dans les mêmes termes les dispositions des lois précédemment rappelées.

D'après tous ces motifs, il ne doit plus rester de doute sur la régularité de la perception du droit de 4 pour 100 sur le jugement dont il s'agit.

(Délibération du 16 frimaire an 11.)

A R T. 1331.

Dans quel bureau doit faire enregistrer ses actes, un notaire domicilié dans une commune autre que celle pour laquelle il est reçu et où il paie ses impositions ?

Un notaire reçu à la résidence d'une commune, département N....., y est compris au rôle des patentes, il y a payé son cautionnement et il y fait enregistrer ses actes ; cependant il a de fait son domicile dans une autre commune située même dans un département différent.

On a cru trouver dans cette conduite une contravention à l'art. 26 du titre 4 de la loi du 22 frimaire an 7, portant » que les notaires » ne pourront faire enregistrer leurs actes qu'aux » bureaux dans l'arrondissement duquel ils ré- » sident.

Mais l'espèce est ici toute particulière, il s'agit d'un notaire qui a été reçu pour une commune différente de celle de son domicile, il en prend le titre dans ses actes, il y est compris au rôle des patentes et y a payé son cautionnement, ce n'est donc pas ici le cas de prendre le domicile de fait de l'officier public, en considération, pour fixer le bureau où ses actes doivent être enregistrés. Il peut continuer à leur faire donner la formalité dans celui qui comprend dans son arrondissement la commune à la résidence de laquelle il a été reçu notaire.

On serait tout au plus fondé à exiger de ce notaire de changer de résidance ; mais cet objet regarde le commissaire du gouvernement près le tribunal où le notaire a été reçu.

(Délibération du 23 frimaire an 11.)

A R T. 1332.

T A B A C S.

L'article 16 de la loi du 29 floréal an 10, veut que la taxe de fabrication, soit perçue pour les feuilles indigènes, en raison du montant de la fabrication à laquelle chaque fabrique aura été estimée, déduction faite des feuilles étrangères dont le fabricant pourra justifier qu'il a acquitté le droit.

Des difficultés s'étant élevées à ce sujet, et sur le mode d'exécution des articles 9 et 15; le ministre des finances les a levées, par sa lettre du 27 fructidor, au préfet de.............., elle est conçue en ces termes :

D'après l'article 9 de la loi du 29 floréal, la taxe de quatre décimes par kilogramme s'est établie uniformément sur toute espèce de tabac fabriqué. Dès-lors, on est fondé à exiger des fabricans, l'acquit des obligations qu'ils ont consenties pour le dernier trimestre de l'an 10, d'après le tableau annexé à la loi du 22 brumaire an 7; *plus le supplément de taxe résultant de la nouvelle fixation.* Ce supplément est facile à déterminer, parce que les déclarations fournies par les fabricans contiennent

la quantité de chaque espèce de tabacs , à raison
desquels leur taxe a été réglée. D'un autre côté
l'article 15 de la loi du 29 floréal , veut que ,
pour les feuilles venant de l'étranger , le droit
de fabrication soit acquitté à la sortie de l'en-
trepôt ; et l'article 16 ajoute que , sur la taxe
faite en raison de la fabrication , à laquelle
chaque fabrique aura été estimée , il sera fait
déduction des feuilles étrangères dont le fabricant pourra justifier avoir acquitté le droit.
Ainsi , à compter de la publication de la loi du
29 floréal , le droit des feuilles étrangères est
dû , indépendamment de la taxe dont chaque
fabrique a été frappée , sauf la déduction à faire
de ces feuilles étrangères , lorsque le fabricant
peut justifier qu'il en *a acquitté le droit* et
qu'il a fabriquées. Sans ces deux conditions ,
la taxe de fabrication doit être exigée en entier
avec le supplément résultant de l'augmentation
du droit.

A r t. 1333.

DOMAINES NATIONAUX.

La République doit-elle conserver les biens des con-
damnés révolutionnairement , si elle représente
ceux qui se trouvaient les héritiers de ces con-
damnés , lors de leurs décès ?

M. de Laviefville et Dlle. Isabelle Laviefville , sa

fille, épouse de M. de Béthune, ayant été condamnés à mort par le tribunal révolutionnaire d'Arras, le 4 floréal an 2, leurs biens furent confisqués par suite de cette condamnation.

Madame de Béthune avait un fils émigré.

Ce fils est décédé le 7 frimaire an 3.

Le 14 floréal suivant, il est décrété en principe, que les biens des condamnés révolutionnairement depuis le 10 mars 1793, seraient rendus à leurs familles, et le 21 prairial suivant, le mode de cette restitution est déterminé.

Il fut déclaré que la confiscation des biens de ces condamnés serait considérée comme *non-avenue*.

MM. Dauxy ont, en conséquence, demandé l'envoi en possession des biens délaissés par M. de Laviefville et sa fille, comme étant leurs proches héritiers, à l'époque du 14 floréal an 3.

Le préfet du Nord a combattu cette demande. Il a soutenu que suivant la loi du 21 prairial an 3, la confiscation des biens des condamnés révolutionnairement, devant être considérée comme non-avenue, ces biens avaient dû passer à ceux qui les auraient recueillis lors du décès des condamnés, s'ils n'avaient pas été confisqués, que l'héritier de M. Laviefville et de sa fille, lors de leur décès, était le mineur Béthune; qu'après le décès de celui-ci, arrivé en frimaire an 3, ses droits étaient dévolus aux termes de la loi du 17 nivôse an 2, à l'émigré Béthune, son père, et par suite, à la République qui le représente.

MM. Dauxy ont prétendu, de leur côté, que les lois des 14 floréal et 21 prairial an 3, avaient eu pour objet l'expropriation absolue de la part de la République, des biens que la confiscation lui avait fait acquérir, en faveur des héritiers existans lors de ces lois, et que d'ailleurs la confiscation ayant transporté dans les mains de la nation la propriété des biens des condamnés, le mineur Béthune n'avait pu recueillir ceux de son ayeul et de sa mere, ni par conséquent, transmettre à son pere des droits qu'il n'avait jamais eus.

Jugement du tribunal civil du département du Nord, du 9 messidor an 8, qui accueille la prétention de MM. Dauxy.

Jugement du tribunal d'appel de Douai, du 11 fructidor suivant, qui déclare avoir été mal jugé.

Pourvoi en cassation, fondé sur une fausse application et violation des lois, des 14 floréal et 21 prairial an 3.

L'effet de la confiscation, a-t-on dit, pour MM. Dauxy a été de faire passer à la République tous les biens de M. Laviefville et de sa fille, au moment de leur décès. Leur fils et petit-fils, qui existait alors, n'avait donc pas pu recueillir leurs successions, ni par conséquent les transmettre à l'émigré Béthune son pere, représenté par la République.

Les lois des 14 floréal et 21 prairial an 3, qui ont ordonné la restitution des biens des condamnés à leurs familles, n'ont considéré la confiscation comme non-avenue que pour l'avenir, et non pour le passé. Ce n'est qu'aux parens des condamnés révolutionnairement qui existaient lors de la publication de ces lois, que les biens confisqués ont dû être restitués.

Enfin, cette restitution était une faveur dont les parens devaient seuls jouir; elle avait pour objet un dessaisissement absolu de la part de la République; elle a été déterminée, moins par les principes généraux de transmission de biens, que par des sentimens de justice et d'humanité.

Le commissaire Merlin, au nom du préfet du Nord, a combattu le pourvoi en cassation, dont le rejet a été déterminé par des motifs qui ne sont que le résumé des moyens de défense que ce magistrat a présentés.

Voici le texte du jugement rendu le 25 thermidor an 10.

Le tribunal de cassation considérant, que par la loi du 21 prairial an 3, toutes les confiscations de biens prononcées depuis le 4 mars 1793, par les tribunaux ou commissions révolutionnaires, ont été déclarées comme non-avenues.

Qu'une confiscation non-avenue est de même que si elle n'avait jamais existé ; d'où il suit qu'il faut considérer les successions des condamnés révolutionnairement, comme n'ayant jamais passé dans les propriétés nationales, et suivre, à leur égard, l'ordre de succéder qui existait à l'époque de leur décès ;

Considérant que l'ordre ordinaire des successions déterminé par les lois, ne peut être changé que par une disposition expresse d'une loi contraire, et qu'ainsi pour que les demandeurs en cassation eussent pu recueillir la succession de Laviefville et sa fille, dont ils n'étaient pas les plus proches parens et héritiers lors du décès, il aurait fallu que la loi du 21 prairial an 3 eût établi un nouvel ordre pour les successions des condamnés, dont elle ordonnait la restitution ;

Considérant que la loi du 21 prairial n'a laissé subsister les effets de la confiscation, pour le tems qui s'est écoulé depuis la condamnation jusqu'à la publication de la loi, qu'à l'égard des acquereurs des biens vendus et de ceux qui avaient traité avec la nation, et qu'elle en a entièrement anéanti les effets à l'égard des condamnés, puisqu'elle a ordonné la restitution du prix des immeubles vendus et des bois coupés :

Que si elle n'a pas ordonné la restitution des fruits perçus, elle a rendu hommage aux principes, en ordonnant que les fruits perçus seraient compensés avec les frais de gardien et de séquestre;

Considérant que bien loin que la loi du 21 prairial an 3, ait changé, à l'égard des héritiers des condamnés, l'ordre ordinaire des successions, elle l'a expressément maintenu, puisqu'elle a ordonné par une disposition finale de l'article premier de la section 5, *que les époux survivans et héritiers jouiront, conformement aux lois et aux dispositions de la section 2 ;*

Considérant que les dispositions de la loi du 21 prairial an 3, à cet égard, sont encore expliquées et confirmées par l'article 4 de celle du 22 fructidor même année, qui ordonne que, « les héritiers pré-» somptifs des déportés, seront ceux qui, au moment » de la déportation ou réclusion, auraient succédé aux » dits ecclésiastiques, s'ils étaient morts naturelle-» ment », et qu'on doit d'autant moins hésiter d'expliquer la loi du 21 prairial, par celle du 22 fructidor, que cette dernière a été faite pour servir de continuation et de complément à la précédente, aux dispositions de laquelle elle se réfère dans plusieurs articles;

Considérant que s'il avait pu subsister encore quelque doute sur la nécessité de remonter au tems du décès de Laviefville et de sa fille, pour connaître l'héritier, à qui la loi du 21 prairial an 3 a voulu restituer leur succession, ce doute aurait été dissipé par la loi du 21 prairial an 4, qui porte : « lorsque » des ascendans, des descendans, et autres personnes » qui se succèdent de droit, auront été condamnés, » et que, mises à mort dans la même exécution, il » devient impossible de constater leur prédécès, le » plus jeune des condamnés sera présumé avoir sur- » vécu ; » que cette loi a été provoquée et rendue pour faire cesser les difficultés qui existaient au sujet des successions des condamnés révolutionnairement, ainsi qu'on le voit par le message du 2 germinal an 4, et par le rapport du 4 floréal suivant ;

Considérant que lorsque cette loi a déterminé lequel des deux parens condamnés par le même jugement était présumé avoir survécu a l'autre, c'était à raison de ce que la succession du prédécédé devait passer à celui qui lui avait survécu, et être par lui transmise à ses héritiers. — Et si la loi a supposé que, dans ce cas, l'un d'eux a hérité de l'autre et qu'il lui a suc- cédé, quoiqu'il ne lui ait survécu qu'un instant ; comment peut-on penser que ce ne sont pas les héri- tiers au tems du décès, qui sont appelés à recueillir la succession des condamnés, et que ces héritiers sont exclus lorsqu'ils sont morts avant la loi du 21 prai- rial an 3 ;

Considérant qu'il résulte de toutes les lois ci-dessus rapportées, que les successions de Laviefville et de sa fille, ont été recueillis par Louis-Eustache Béthune, leur fils et petit-fils, qui les a transmises par son décès, à Marie-Eugène Béthune, son père, en vertu de la loi du 17 nivôse an 2, et qu'elles ont passé dans le domaine de la nation, en vertu de l'article 3 de la loi du 28 mars 1793, et par conséquent, que le jugement qui a débouté les citoyens Dauxy et consorts, de leur demande, et a maintenu la nation dans les successions dont il s'agit, est conforme aux lois.

Le tribunal rejette la demande en cassation, etc.

ACTE DU GOUVERNEMENT.

Extrait des registres des délibérations des Consuls de la République.

Paris, le 8 nivôse an 11 de la République française.

Art. 1er. « Toute rente provenant de l'ancien domaine national, pour laquelle la Régie de l'enregistrement ne pourra justifier qu'il ait été fait de paiement depuis le premier jour de l'an premier de de la République, ou exercé de poursuites, soit par voie de contraintes signifiées, soit devant les corps administratifs ou les tribunaux, depuis la même époque, sera censée appartenir aux hospices.

2. » Toute rente provenant du clergé, de corporations supprimées, d'établissemens publics, de communes, ou de toute autre origine que ce soit, qui n'est pas inscrite sur les registres de la Régie des domaines, ou dont cette Régie, quoiqu'elle en eût les titres, n'aurait pas fait le recouvrement, ou ne l'aurait pas fait poursuivre, ainsi qu'il est dit en l'article précédent, et serait dès-lors censée en avoir ignoré l'existence, appartient également aux hospices, pourvu toutefois que six ans au moins se soient écoulés depuis le moment où la rente a été mise sous la main de la Nation jusqu'au jour du présent arrêté.

3. « L'inscription des rentes sur les registres de la Régie, mentionnée en l'article 2, sera constatée à la diligence des Préfets. »

Notice des Instructions générales.

Lettre du 29 frimaire an 11. Les receveurs doivent refuser de fournir aucuns renseignemens sur les détails qui leur sont confiés, à moins d'une autorisation expresse du ministre des finances.

Instruction générale du 1er. nivôse an 11, n°. 108. Les pièces d'or rognées sont admissibles comme lingots, à raison de 747 livres 13 sous 6 den., ou 732 fr. 82 cent. le marc. Le versement doit en être effectué à ce taux.

Autre du 7 dudit, n°. 109. Les acquéreurs de maisons et usines qui n'ont pas soldé avant le premier vendémiaire an 11, sont définitivement déchus, et il y a lieu de reprendre possession des objets aliénés. — Etat à envoyer.

Autre du 8 dudit, n°. 110. Sur le mode de recouvrement et de comptabilité des obligations souscrites pour rachat de rentes nationales non acquittées à leur échéance. Ce produit sera compté distinctement et n'est pas passible de remise.

Autre du même jour, n°. 111. Les préfets ne peuvent surseoir à l'adjudication des coupes de bois de l'an 11, séquestrés sur des étrangers. Le versement des traites provenant de ces adjudications sera effectué par les receveurs, comme à l'ordinaire, mais ils les émargeront de ces mots : *Traites pour coupes de bois séquestrés sur les étrangers.*

Autre du même jour, n°. 112. Etat de situation au premier nivôse an 11, sur l'exécution de la loi du 14 ventôse an 7, relative aux domaines engagés par l'ancien gouvernement. Cet état doit comprendre chaque article distinctement, et être adressé au directeur général, par la poste, assez à tems pour qu'il lui parvienne, *le 15 pluviôse prochain au plus tard.*

Autre du même jour, n°. 113. Arrêté des Consuls du 27 frimaire an 11, indicatif des rentes appartenant aux hospices. — Etat à fournir de celles qui resteront à la république. L'état que le directeur adressera à l'administration fera mention du montant des rescriptions enregistrées pour transferts non effectués.

INSTRUCTIONS

DECADAIRES

Sur l'Enregistrement, les Droits y réunis, et Domaines nationaux,

RÉDIGÉES par une Société d'Employés de l'Administration de l'Enregistrement et du Domaine national.

Nº. 150.

ART. 1334.

ENREGISTREMENT.

PARTAGE.

Un lot chargé d'une soulte est composé de créances à termes, de biens meubles et de biens immeubles. Comment doit-on liquider le droit d'enregistrement résultant de la soulte, et dans quel cas l'acte est-il sujet au double droit, lorsqu'il n'est pas présenté à l'enregistrement dans les trois mois ?

En fait de partage de succession, la part d'un héritier est une portion de tout ce qui compose l'hérédité, *sans que ce soit plutôt une chose qu'une autre;* l'on n'est point astreint *à diviser* chaque chose en particulier ; le partage déclare et réalise la part de chaque cohéritier, et cette part peut consister *en totalité* en immeubles, comme *en meubles* ou *en créances.*

De ce principe incontestable, il résulte que, dans l'espèce proposée, on doit d'abord imputer le retour sur les créances, ensuite sur les meubles, et l'excédent, s'il s'en trouve, sur les immeubles, parce que l'on ne peut pas dire que la soulte qui est payée, soit plutôt le prix de l'acquisition *d'un excédent d'immeubles,* que celui des meubles ou créances comprises dans ce lot. Comme il y a une différence dans la quotité des droits, c'est ce qui détermine à faire frapper le retour, d'abord sur les créances, ensuite sur les meubles, et enfin sur les immeubles. La justice distributive commande impérieusement l'exécution de ce principe. Pour en faire une juste application, nous allons poser des exemples.

Premier Exemple : Un lot comprend des créances montant à 1,200 fr., des meubles de valeur de 1,500 fr. et des immeubles évalués 3,000 fr., il est chargé de payer aux autres lots une soulte de 800 fr. Cette soulte n'excédant pas le montant des créances, il ne doit être perçu qu'un franc sur 800 fr.

Deuxième exemple : Un lot est composé de 1,200 fr. de créances actives, de 2,000 fr. en objets mobiliers, et de 6,000 fr. en immeubles. Il est tenu d'acquitter une soulte de 2,000 fr. Il faut percevoir un franc par 100 fr. sur 1,200 fr., et deux francs par 100 fr. sur 800 fr., parce qu'au moyen de cette soulte, le cohéritier qui en est chargé, est censé avoir acquis des créances montant à 1,200 fr., et des objets mobiliers jusqu'à concurrence de 800 fr.

Troisième exemple : Un lot est formé de créances montant à 600 fr., de biens meubles de valeur de 900 fr., et d'héritages estimés 4,000 fr. il doit payer une soulte de 1,800 fr., laquelle forme une acquisition jusqu'à cette concurrence, ainsi il doit être perçu un pour cent sur 600 fr., deux pour cent sur 900 fr., et quatre pour cent sur 300 fr.

Quant au double droit, il n'est point exigible dans le cas des deux premiers exemples, parce que la soulte ne frappant que sur des créances ou sur des meubles, l'on n'était point astreint à faire enregistrer l'acte dans un délai de rigueur. Il en est autrement dans le troisième exemple, la soulte porte sur des immeubles jusqu'à concurrence de 300 fr., le partage devait par conséquent être soumis à la formalité dans le délai de trois mois, à peine du double droit, et ce double droit doit être exigé non-seulement sur la soulte des immeubles, mais encore sur toutes les autres dispositions de l'acte.

ART. 1335.

MUTATION.

Par un contrat de mariage, le futur se constitue des biens immeubles dont la propriété appartenait antérieurement à son père. Quel droit d'enregistrement doit-il être perçu pour cette mutation présumée?

Des actes publics prouvaient que ces biens appartenaient au père, cependant le fils s'est constitué ces mêmes biens comme lui appartenant, et a stipulé qu'ils lui sortiraient nature de propres. Le père était présent au contrat, et l'a signé. L'on a pensé qu'il y avait lieu de former la demande des droits d'enregistrement, double droit et subvention de l'acte particulier par lequel le père est censé avoir transmis ses biens à son fils : on fondait cette opinion sur ce que cedernier n'a pu en effet devenir propriétaire des biens dont il s'agit, que par un acte sous seing-privé qu'il refuse de représenter, et qu'il aurait dû faire enregistrer avant la passation de son contrat de mariage.

Mais la présomption de l'existence d'un acte sous signature privée antérieur au contrat de mariage, n'est rien moins que constante. D'après les dispositions de ce contrat, le père a pu ne pas avoir fait antérieurement en faveur de son fils la vente des biens dont il s'agit, l'on doit plutôt présumer que ce dernier ne s'est constitué lui-même ces biens, que pour éviter le droit auquel la constitution faite directement par le père aurait donné ouverture, et dans cette opinion favorable, même à la partie, il en résulte que ces biens doivent être considérés comme directement donnés par le père en faveur du mariage, et qu'il ne doit être perçu qu'un fr. 25 cent. par 100 fr., ainsi qu'il est établi par le parag. 6 de l'art. 69 de la loi du 22 frimaire an 7.

(Délibération du 30 fructidor an 10.)

ART. 1336.

VENTE D'IMMEUBLES.

Sur quel pied doit-on liquider le droit d'enregistrement d'une vente faite moyennant

un prix déterminé, et par laquelle le ven-
deur se charge d'acquitter les droits d'en-
registrement, d'hypothèques, et les ho-
noraires du notaire?

Il s'agissait dans l'espèce d'une vente faite moyennant 200,000 fr., on demandait que la portion des droits d'enregistrement de ce contrat liquidés sur ce prix fût restituée jusqu'à concurrence de la somme de 1,200 fr., à laquelle on portait le montant des droits et frais de cet acte.

L'on a opposé à cette prétention, qu'aux termes des articles 4 et 15 de la loi du 22 frimaire an 7, les droits proportionnels d'enregistrement des actes translatifs de propriété doivent être assis sur le prix exprimé, sans fraude, en y ajoutant toutes les charges en capital et sans distinction. Ces dispositions sont incontestablement applicables au contrat dont il s'agit, puisque la somme de 200,000 fr. y est spécialement exprimée pour le prix principal et les charges que le vendeur s'est obligé d'acquitter pour l'acquéreur. Le paiement que ce dernier a réalisé ne laisse aucun doute sur la somme moyennant laquelle il est devenu propriétaire, les parties contractantes ne peuvent que s'imputer les effets des clauses qu'elles stipulent; enfin on ne pourrait, sans une infraction à la loi, admettre des exceptions qu'elle n'a point autorisées ; ainsi le droit a été régulièrement perçu sur 200,000 fr.

(Délibération du 21 brumaire an 11.)

A R T. 1337.

DÉCLARATION DE SUCCESSION.

Le droit de succession sur le mobilier doit-il être perçu sur l'estimation portée en l'inventaire seulement, ou doit-on y ajouter la crue ou parisis qu'admettent certaines coutumes ?

Ce qui a donné lieu à cette question , c'est que dans quelques coutumes, les tuteurs ou tutrices légitimes sont tenus de tenir compte, à la majorité de leurs enfans , d'un quart en sus du mobilier estimé dans l'inventaire, quand il n'a pas été vendu à l'encan.

Quel est le but de la loi du 22 frimaire, lorsqu'elle requiert que les parties rapportent à l'appui des déclarations du mobilier l'inventaire des effets ? C'est de connaître la valeur réelle des objets déclarés. Or , dans un inventaire sujet à la crue , la valeur réelle des objets est celle portée en l'inventaire, plus la crue.

Ainsi nous pensons que le droit doit être liquidé sur le montant de l'estimation portée en l'inventaire, plus la crue ; autrement il arriverait que le droit d'enregistrement serait plus fort dans les coutumes où la crue n'a pas lieu.

ART. 1338.

ENREGISTREMENT ET TIMBRE.

Question proposée.

La déclaration que fait le fils ou le gendre d'un propriétaire compris au tableau des 600 plus imposés d'un département pour être admis, de son consentement, et à sa place dans le collège électoral de son département, est-elle passible des droits de timbre et d'enregistrement ?

Non. Cet acte n'est que le mode d'exercice d'un droit politique ; il est à ce titre purement administratif et n'est passible d'aucun droit.

ART. 1339.

AMENDES.

Un particulier abandonne en paiement d'une amende par lui encourue, la portion qu'il lui reste libre d'hypothèque dans un immeuble. Quelle est la marche à suivre pour utiliser cet abandon ?

Quelques-uns pensaient que dans cette es-

pèce la cession opérant une réunion au domaine national, l'immeuble abandonné devait
être régi ou vendu comme les autres domaines
nationaux, sauf le remboursement des créanciers inscrits, soit sur les fermages à écheoir,
soit sur le prix de la vente.

Cette opinion nous paraît une erreur. L'abandonnement d'immeuble de la part du redevable
d'une amende n'étant qu'un mode de paiement
du montant des condamnations prononcées
contre le signataire, la République est assujettie
aux mêmes formalités qu'un simple particulier
pour se remplir de sa créance. Il convient donc,
après avoir assuré l'effet de l'abandonnement par
la transcription, et sa signification aux créanciers inscrits, de provoquer la vente de l'immeuble abandonné, aux criées, pour être le
prix distribué entre la République et les créanciers qui peuvent la primer.

Mais l'abandon ne peut être accepté que d'a-
près l'autorisation préalable et formelle de l'Administration.

A R T. 1340.

HYPOTHÈQUES.

La perception du droit de transcription doit-elle suivre les sommes et valeurs de 20 fr. en 20 fr. inclusivement et sans fraction ?

Nous avons émis, art. 839, une opinion affirmative sur cette question, fondée sur la disposition de l'art. 15 de la loi du 21 ventôse an 7, qui porte : " Les droits de transcription " seront d'un et demi pour cent du prix in- " tégral des mutations, suivant qu'il aura été " réglé à l'enregistrement.

Mais en fait de perception la loi est de rigueur, et ne peut être interprétée. La bâse posée par la loi du 21 ventôse an 7, n'a de rapport qu'au prix des ventes, ou plutôt à la valeur des biens sur laquelle doit être établi le droit d'enregistrement, et non au mode de liquidation du droit. L'art. 2 de la loi du 27 ventôse an 9, qui change le mode de perception des droits d'enregistrement établi par la loi du 22 frimaire an 7, ne peut s'appliquer à celle des droits d'hypothèque, puisqu'elle ne contient aucune disposition pr esse qui y soit relative. Ainsi la perception des droits d'hypothèque doit continuer d'être faite suivant les principes en vigueur lors des lois des 11 brumaire et 21 ventôse an 7, c'est-à-dire, graduellement sur les sommes passibles du droit.

C'est ainsi que l'a décidé l'Administration.

ART. 1341.

RENOUVELLEMENT D'INSCRIPTIONS.

On a formé en prairial an 7, une inscription pour une créance de 300,000 francs sur un mari seul, quoique son épouse fut obligée avec lui dans le titre de sa créance, on a formé une nouvelle inscription de 320,000 francs au mois de brumaire an 11, frappant sur les deux époux, ayant pour objet la même créance, plus des intérêts échus.

On a prétendu ne devoir le droit d'hypothèque de cette seconde inscription, que sur la somme de 20,000 francs seulement, sous le le prétexte que le droit avait été perçu sur les 300,000 francs lors de l'inscription de prairial an 7.

Cette prétention n'est pas fondée, en effet la première inscription ne portait que sur le mari seul et ne devait durer, d'après la loi, que jusqu'en prairial an 17. La deuxième est d'abord augmentée de 20,000 fr., ensuite elle frappe sur un débiteur qui n'était pas dénommé dans la première et à son égard elle est une et entière, ensuite elle proroge la durée de son effet jusqu'en brumaire an 21 contre le premier débiteur, et évite un renouvellement en prairial an 17, et par conséquent le paiement des droits qui en résulteraient.

D'après ces motifs nous pensons que le droit est dû sur la somme de 320,000 francs.

ART. 1342.

DOMAINES NATIONAUX.

POURVOI EN CASSATION.

Doit être fait dans les trois mois, même par le Domaine.

A l'occasion d'un *marais* prétendu national et déclaré propriété de la commune de Grandville, le préfet du Calvados se pourvut en cassation. Sa requête en pourvoi fut déposée en temps utile, mais il n'y joignit pas *copie du jugement* dénoncé, cette copie ne fut jointe à la requête que postérieurement au délai de trois mois accordé pour le pourvoi.

Néanmoins, la section des requêtes admit le pourvoi.

Mais, devant la section civile, la commune de Grandville a argumenté de cette circonstance, que le jugement n'avait pas été joint à la requête, et a soutenu que le pourvoi était nul, d'où s'ensuivait que le demandeur avait encouru la *déchéance*.

Cette déchéance était fondée sur l'article 4 , du titre 4 , partie première du réglement de 1738 ainsi conçu :

« Le demandeur en cassation sera tenu de joindre à » sa requête la copie qui lui aura été signifiée de l'arrêt » ou jugement en dernier ressort , ou une expédition » en forme dudit arrêt ou jugement , s'ils ne lui ont » pas été signifiées , *sinon la requête ne pourra être* » *reçue.*

A cette disposition le préfet du Calvados opposait l'article 26 du même titre ainsi conçu :

« Ne seront comprises dans les articles ci-dessus , » les requêtes en cassation présentées *en matière* » *domaniale* , soit par les procureurs généraux de » S. M. , soit par les inspecteurs généraux des do- » maines , ou auxquelles ils se sont joints : et pourront » lesdites requêtes , être admises , sans être signées » de deux anciens avocats , sans consignation d'a- » mende , et même *au-delà du* délai fixé par lesdits » articles. »

Le préfet trouvait dans cet article une double excep- tion pour les matières domaniales. 1º. En ce que les formalités prescrites à tous autres ne leur sont pas applicables. 2º. En ce que les formalités nécessaires peuvent en tout temps être remplies , le délai étant *indéfini* pour le domaine.

S'élevant ensuite à des considérations supérieures , le préfet soutenait que prononcer une *déchéance* contre le domaine , ce serait prononcer que les biens domaniaux sont prescriptibles , aliénables , ce serait blesser l'édit de 1566 , qui déclare le *domaine inalié-* *nable ;* ce serait méconnaître les principes de notre droit public.

La commune de Grandville repliquait.

Que l'article 16 du réglement de 1738, ne contenait point pour le domaine une dispense de produire une copie du jugement, mais seulement une dispense de consignation d'amende et de consultations d'avocats.

Que si le réglement laissait de l'obscurité sur ce point, elle était dissipée par l'article 16 du titre 3, de la loi du 2 brumaire an 4, qui ordonne absolument et à tous *de joindre la signification* du jugement à leur requête.

L'instruction au tribunal de cassation, est-il dit, se fera par simples requêtes ou mémoires déposés au greffe : ils ne peuvent y être reçus et les juges ne pourront y avoir égard, que lorsqu'on y aura joint, en les déposant, l'original de la signification à la partie ou à son domicile.

Que la faculté jadis accordée au domaine de se pourvoir et de faire ses productions dans un temps illimité a été anéantie par l'article 14, de la loi du 29 novembre 1790.

« En matière civile, le délai pour se pourvoir en
» cassation ne sera que de trois mois, du jour de la
» signification du jugement à personne ou domicile,
» pour tous ceux qui habitent en France, *sans aucune*
» *distinction quelconque.* »

Vainement on dirait que la matière domaniale n'est pas matière civile, toutes les matières soumises aux tribunaux sont divisées en *civile* et *criminelle* : ce qui est domanial, comme ce qui est communal, comme ce qui est individuel, est compris dans le mot générique de matière civile.

Aussi, un décret de la convention nationale du 29 pluviose an 2, rendu au profit du citoyen Delahaie, annulle un jugement du tribunal de cassation pour avoir reçu le pourvoi du domaine après les délais ordinaires.

Aussi le trésor public n'ayant pas signifié dans les délais une requête admise en cassation, ne fut-il à l'abri de la déchéance, que par la force d'un décret du 18 messidor an 2.

Le domaine, comme les particuliers, est donc passible de déchéance.

Quant à l'argument pris de l'inaliénabilité du domaine, la commune de Grandville observait que jadis les *petits domaines* (tel qu'un marais) pouvaient être aliénés ; que les principes de la législation nouvelle donnent encore plus de facilité à l'aliénation et à la prescriptibilité des domaines nationaux.

« La faculté d'aliéner, dit la loi du 22 novembre » 1790, est un attribut essentiel du droit de propriété, » elle réside dans la nation propriétaire. La maxime » de l'aliénabilité devenue sans motifs, serait préju- » diciable à l'intérêt public, les propriétés foncières se » fertilisent par la circulation. »

Par suite de ces principes elle dispose, article 8, que les domaines nationaux peuvent être vendus et article 35, que *la prescription* aura lieu pour les domaines nationaux dont l'aliénation est permise.

La loi n'admet d'exception que pour les propriétés domaniales qui ne sont pas susceptibles d'une propriété privée, les fleuves, les ports, les routes.

Ainsi la déchéance prononcée par les termes généraux de la loi, et justifiée par des décisions particulières du législateur n'a rien d'incompatible avec notre droit public sur la matière des domaines nationaux, donc le préfet du Calvados doit être déclaré déchu, à défaut de pourvoi régulier en temps utile.

Le commissaire a pensé (d'après Domat) que la nation ne pouvant elle-même suivre ses procès, étant obligée de s'en rapporter à des agens, ne devait pas être responsable de leurs omissions.

Le tribunal de cassation, attendu que des lois du 29 novembre 1790 et 2 brumaire an 4, il résulte la nécessité *pour tous* sans distinction, de se pourvoir en cassation dans le délai de trois mois, et de joindre à la requête en pourvoi la copie signifiée, ou une expédition du jugement dénoncé, a déclaré, le 23 brumaire an 10, le pourvoi nul et le demandeur *déchu*.

(Ce jugement confirme l'opinion que nous avons émise article 209, page 429).

Notice des Instructions générales.

Instruction générale du 15 nivôse an 11, sur le mode de comptabilité des traites pour coupes de bois nationaux protestées, et pour le recouvrement desquelles les receveurs des domaines ne justifieraient pas de poursuites régulières. — Poursuites à exercer par les receveurs contre les souscripteurs, et, à défaut de paiement, contre leurs cautions. Les inspecteurs forceront les receveurs en recette, du montant des traites non recouvrées.

INSTRUCTIONS

DECADAIRES

Sur l'Enregistrement, les Droits y réunis, et Domaines nationaux,

RÉDIGÉES par une Société d'Employés de l'Administration de l'Enregistrement et du Domaine national.

Nº. 151.

ART. 1343.

ENREGISTREMENT.

CAUTIONNEMENT.

De quel droit d'enregistrement est passible l'acte de cautionnement du receveur des revenus d'une commune ?

Un receveur de l'administration a perçu 50 c. par 100 fr. sur un acte de cette nature.

La partie a réclamé, et a prétendu qu'il n'était dû que 25 c. pour 100 fr , attendu que si le receveur d'une commune ne verse pas ses recettes dans les caisses de la République, il n'en est pas moins un comptable de fonds publics qui ont une destination voulue et arrêtée par les lois; qu'en cas de divertissement de deniers, il serait passible des mêmes peines que celles que subirait un receveur des impositions directes, pour le cautionnement duquel le droit d'enregistrement n'est que de 25 c. pour 100 fr.

On a objecté enfin que l'article 23 de l'arrêté des Consuls du 4 thermidor an 10, assujettissant les receveurs des communes aux obligations imposées par les articles 5, 7 et 8 de l'arrêté du 16 thermidor an 8, aux percepteurs des contributions directes, pour les cautionnemens: il devait y avoir parité dans la perception.

Mais les actes de cautionnemens de sommes et objets mobiliers sont tarifés par le nombre 8 du parag. 2 de l'art. 69 de la loi du 22 frimaire an 7, à 50 c. par 100 fr. ; et le même nombre porte qu'*il ne sera perçu qu'un demi-droit pour les cautionnemens des comptables envers la République.*

Il faut donc *être comptable envers la République*, pour que le cautionnement que l'on fournit ne' soit passible que du demi-droit.

Or le receveur d'une commune n'est nullement comptable envers la République. L'acte
de son cautionnement ne peut donc jouir de
l'exception créée par la loi, puisque ses recettes
ne sont pas versées au trésor public.

Cela reconnu, l'arrêté du 4 thermidor an 10
n'étant relatif qu'à la *forme* et à la *quotité du
cautionnement*, il n'est point applicable au droit
d'enregistrement de l'acte qui le contient.

A R T.   1344.

R É T R O C E S S I O N.

*La déclaration sous seing-privé par un ac-
quéreur que la vente qui lui avait été faite
par acte public n'était pas sérieuse, doit-
elle être considérée comme contre-lettre,
ou comme une rétrocession, ou seulement
comme acte simple?*

Par acte public du 11 pluviôse an 8, Pierre
avait vendu à Paul un immeuble.

Par acte sous seing-privé du 18 thermidor
suivant, Paul a déclaré que l'acte par lequel
Pierre lui avait vendu l'immeuble dont il s'agit,
n'était qu'un acte confidentiel au bénéfice duquel il renonçait.

L'on a prétendu que cette déclaration ne
ouvait être regardée comme une contre-lettre,

attendu qu'elle n'est signée que de l'acquéreur ; que, dès-lors, elle ne peut contenir de rétro-cession. L'on a ajouté que la vente dont est question ayant donné lieu à une contestation portée devant le tribunal de Falaise, il est intervenu un jugement qui a considéré l'acte sous seing-privé comme une déclaration pure et simple relative à l'acte confidentiel du 11 pluviôse an 8, lequel a été annullé. On demandait en conséquence, que la déclaration ne fût soumise qu'au droit fixe.

Ces motifs ne pouvaient être accueillis. En effet, le contrat de vente est authentique, on ne peut lui reprocher aucun vice, et il contient la mention que le prix en a été payé comptant.

L'acte sous seing-privé du 18 thermidor an 8, par lequel l'acquéreur a déclaré que la vente n'était pas sérieuse, n'a pu détruire la foi due à un contrat public, et si les percepteurs devaient s'arrêter à de pareilles déclarations, il serait trop facile d'anéantir les droits dus pour les rétrocessions.

D'ailleurs l'acquéreur était réellement devenu propriétaire par la vente du 11 pluviôse an 8, et tout acte dont l'effet est de produire un transport, ne peut pas être rangé dans classe des simples déclarations ou reconnaissances.

Quoique le tribunal de Falaise n'ait pas eu

égard à la vente du 11 pluviôse, son jugement a pu être déterminé par le consentement des parties et par les circonstances de l'affaire. Les droits, au surplus, doivent être perçus d'après les dispositions littérales des actes, sans égard aux arrangemens confidentiaires qui peuvent les précéder ou les suivre.

Ainsi l'acte dont il s'agit doit être considéré comme renfermant une véritable rétrocession su-jette au droit de 4 pour 100, indépendamment du double droit qui est dû à défaut de présentation pour l'enregistrement, dans les délais de la loi.

(Délibération du 11 brumaire an 11.)

A R T. 1345.

Adjudication des travaux aux digues de mer.

On a mis en question si les actes de cette nature sont passibles du droit proportionnel, ou seulement du droit fixe d'un franc, comme les marchés des entrepreneurs des ponts et chaussées.

La loi du 29 floréal an 10, qui accorde un secours aux propriétaires des Polders et des Wateringhes, pour subvenir aux travaux défensifs de leurs propriétés exposées à être submergées, porte, art. 3 :

„ Ils seront tenus d'entretenir, à l'avenir, éga-
„ lement par une contribution annuelle, les
„ travaux des Polders et des Wateringhes „.

D'après cette disposition on pourrait, à la
rigueur, soutenir que les procès-verbaux d'adjudication de ces réparations ne sont pas susceptibles de l'application de l'art. 5 de la loi du
7 germinal an 8, qui n'assujettit qu'au droit
fixe d'un franc les marchés des entrepreneurs des
ponts et chaussées.

Mais si l'on considère que les travaux dont il
s'agit sont dirigés par les ingénieurs des ponts
et chaussées, et que les dépenses en étant cou-
vertes par l'indemnité accordée aux propriétaires, sont par le fait une charge du trésor public ; la question paraît alors devoir être résolue
d'après les principes que consacre la décision du
ministre des finances du 3 messidor an 10, portant que l'article 5 de la loi du 7 germinal an 8
est applicable à tous les actes relatifs à l'administration des ponts et chaussées.

En conséquence, le conseil d'administration
a décidé, le 3 nivôse an 11, que les procès-
verbaux d'adjudication des travaux aux digues
de mer ne sont passibles que du droit fixe d'un
franc.

A r t.   1346.

S O C I É T É

Contenant obligation et indemnité.

Lorsque dans un acte de société l'un des associés s'oblige, indépendamment de sa mise de fonds, de verser dans l'établissement une somme quelconque dont l'intérêt lui sera particulièrement payé, cette disposition constitue une véritable obligation à l'égard de la société à qui la somme est véritablement transmise et le droit d'enregistrement d'un franc par cent francs est incontestablement dû.

D'un autre côté, s'il est stipulé une indemnité en cas de dissolution de société avant le terme fixé, cette disposition éventuelle ne donne point ouverture au droit proportionnel lors de l'enregistrement de l'acte, mais seulement au droit fixe d'un franc sous réserve de celui proportionnel à l'événement, ainsi qu'il a été décidé, pour les baux, par délibération du conseil d'administration, que nous avons rapportée article   de ces instructions, et qui doit s'appliquer à l'espèce.

Cette opinion est fondée sur une décision récente de l'administration.

ART. 1347.

DÉCLARATION DE SUCCESSION.

*Les héritiers d'une succession à laquelle ils
n'ont qu'un droit litigieux par l'effet d'une
donation entre-vifs qui en a saisi un tiers
du vivant du donateur, sont-ils tenus à
déclaration lorsqu'ils obtiennent jugement qui annulle la donation, et si ce
jugement n'est rendu que cinq années
après le décès du donateur, peuvent-ils
opposer la prescription ?*

Pour l'intelligence de cette question, nous
poserons un exemple.

Denis a fait, en l'an 2, donation entre-vifs de
tous ses biens à Thomas, qui est entré en jouissance. Il meurt en vendémiaire an 4, ses héritiers arguent de nullité la donation, mais ils
ne parviennent à la faire annuller qu'en brumaire
an 9, et par conséquent cinq ans et un mois
après le décès de Denis. On les poursuit en
déclaration des biens qu'ils recueillent, ils opposent la prescription.

D'abord, pour qu'elle pût être admise, il faudrait qu'au décès de Denis, les héritiers eussent
été saisis, et à cette époque il ne s'est opéré, ni
de fait ni de droit, aucune transmission à leur

profit, puisque la donation aurait investi Denis de tous les biens. Ce n'est qu'à dater du jugement que leur droit litigieux est devenu un droit réel, et qu'appelés à recueillir les biens donnés à un tiers, ils ont été assujettis à l'obligation d'une déclaration et à l'acquit d'un droit de transmission. Ce n'est donc que de la même époque que l'administration a eu qualité pour former la demande, et qu'a couru le délai de la prescription. Tels sont les principes consacrés par le cinquième paragraphe de l'article 24 de la loi du 22 frimaire an 7.

Dès que l'administration demande le droit aux héritiers, elle indique assez que les donataires n'ont pas été saisis de la propriété : donc on doit faire état aux premiers du droit acquitté par les seconds, sans quoi il y aurait double perception pour la même mutation.

A R T. 1348.

ACTES CIVILS CONTENANT LIQUIDATION ET COLLOCATION.

On présente la question de savoir si un acte civil contenant réglement des reprises en droits respectifs, entre une veuve commune en biens et les enfans de son mari, ses co-héritiers, est passible du droit proportionnel d'enregistrement, à l'instar

des jugemens portant collocation et liquidation de
sommes et valeurs mobiliaies, lorsqu'il ne s'agit
dans l'acte que d'un réglement pur et simple, et
dont il ne résulte ni obligation, ou libération, ou
transmission ?

Dans l'espèce il s'agit d'un acte notarié par lequel
une veuve commune en biens avec son mari et les enfans
de ce dernier ont liquidé respectivement leurs droits
et reprises, et se sont partagés et distribués les biens
de la succession.

Par leur contrat de mariage, la veuve et son mari
avaient établi communauté de meubles et de conquets
immeubles, et s'étaient fait donation mutuelle de la
jouissance de tous les biens meubles et immubles,
dont leprémourant se trouverait saisi à son décès.

Pendant la durée du mariage, la totalité des propriétés provenant, tant du chef du mari que de celui
de la femme, avait été aliénée. Mais sur le prix de
ces ventes il restait dû une somme de 80,000 francs,
et du surplus il avait été acquis d'autres immeubles.

La veuve ne voulant pas profiter de la totalité de
l'usufruit des biens de son mari, les enfans sont en-
trés en arrangement et ont procédé à la liquidation de
leurs droits respectifs.

Ceux de la veuve, consistant dans le prix de ses
biens propres vendus par son mari, et dans des créances provenant de la succession de ses ascendans,
ont été fixés à la somme de 50,000 fr., laquelle lui a
été assignée sur les créances de 80,000 fr.

C'est cette liquidation des droits et reprises de la
veuve à la somme de 50,000 fr. qu'il s'agit d'assujettir
à un droit d'enregistrement, mais sera-t-il fixe ou pro-

portionnel? Et dans ce dernier cas , quelle en sera la quotité ?

Voici la question.

Il a été observé qu'il paraissait résulter des art. 3 et 4 de la loi du 22 frimaire an 7, que le droit proportionnel est dû pour les actes , soit civils, soit judiciaires , portant liquidation de sommes et valeurs ; mais que l'article 69 , qui règle les droits proportionnels, ne parle que des expéditions des jugemens portant liquidations de sommes et valeurs mobiliaires dont le droit est fixé à 50 c. par 100 , et qu'il n'y a aucun autre article qui règle la quotité du droit proportionnel sur les actes civils contenant liquidation de sommes et valeurs mobiliaires , et que dès-lors il restait la difficulté de savoir si on devait en conclure que l'intention du législateur est qu'on ne perçoive qu'un droit fixe , contre la teneur des articles 3 et 4 , pour les liquidations faites par acte civil, ou qu'on perçoive le droit de 50 c. par 100, suivant le parag. 2, nomb. 9 de l'art. 69 , par assimilation à celui réglé pour les actes judiciaires de même nature, ou bien de 1 p. 100 , suivant le nombre 3 du parag. 3 du même article , qui comprend les transactions , arrêtés de compte , délégations et reconnaissances.

La solution de cette question dépend principalement de l'examen attentif des différentes expressions des articles de la loi du 22 frimaire an 7 , relatifs aux liquidations et collocations de sommes et valeurs, et de leur application littérale à la nature et aux effets des actes qui contiennent les liquidations.

D'après l'article 3, le droit fixe s'applique aux actes, soit civils , soit judiciaires ou extra-judiciaires qui ne contiennent *ni obligation, ni libération , ni condam-*

nation , collati n et liquidation de sommes et valeurs,
ni transmission de propriété , d'usufruit ou de jouis-
sance de biens meubles et immeubles.

Il importe de faire attention à la particule conjonc-
tive et négative *ni*, qui se trouve dans l'arrangement
des mots qui composent cet article : on remarque que
la particule *ni* ne se trouve plus répétée après le mot
condamnation , ce qui paraît nécessairement lier l'effet
de ce mot avec ceux de *collocation ou liquidation* de
sommes et valeurs qui suivent immédiatement , et après
lesquels la même particule *ni* se trouve replacée , ainsi
qu'il suit , *ni transmission de propriété, d'usufruit*
ou de jouissance.

L'art. 4 dit : » le droit proportionnel est établi pour
» les obligations , libérations , condamnations , collo-
» cations ou liquidations de sommes et valeurs , et pour
» toute transmission de propriété , d'usufruit ou de
» jouissance de biens meubles ou immeubles , soit entre-
» vifs , soit par décès. Ses quotités sont fixées par l'art. 69
» ci-après ; il est assis sur les valeurs.

La particule *ni* n'est plus et ne pouvait plus être
dans cet article 4 ; mais les qualifications d'actes sont
les mêmes que celles exprimées en l'art. 3 ; elles sont
donc subordonnées à cet art. 3 , et tout doute est levé
par les derniers mots qui terminent cet art. 4 , *les quo-*
tités sont fixées par l'article 69 ci-après.

Le parag. 2 , n°. 4 , de l'article 69 , est le seul où
il soit question de collocation ou liquidation de sommes
et valeurs mobiliaires ; il est ainsi conçu : » les expédi-
» tions des jugemens contradictoires, ou par défaut des
» juges de paix , des tribunaux civils , de commerce et
» d'arbitrage , de la police ordinaire , de la police cor-
» rectionnelle et des tribunaux , portant condamna-

» tion, collocation ou liquidation de sommes et va-
» leurs mobiliaires, intérêts et dépens, excepté les
» dommages intérêts, dont le droit proportionnel est
» fixé à 2 par 100, sous le paragraphe 6, nombre 8
» ci après.

Si l'on pèse attentivement ces expressions, on reconnaît que les mots collocation et liquidation suivent
immédiatement celui de condamnation, comme à l'article 3 de la loi citée ci-dessus, ils servent à déterminer le caractère de la condamnation, de laquelle seule
résulte l'assujettissement au droit proportionnel, parce
qu'elle forme un titre exécutoire de paiement. Ce motif
seul paraît avoir porté le législateur à soumettre les
liquidations et collocations judiciaires au droit proportionnel. Celles, au contraire, par actes civils et volontaires en sont exceptées, parce qu'elles sont purement déclaratoires et ne confèrent aucun nouveau titre
obligatoire aux parties. Le silence des autres parag. de
l'article 69 de la loi prouve suffisamment cette exception.

Une autre preuve de l'intention qu'on a eue de ne
point assujettir au droit proportionnel les liquidations
et collocations faites par actes purement civils et volontaires, lorsque d'ailleurs ils ne contiennent pas d'autres dispositions qui en dénaturent ou modifient l'effet,
c'est que le législateur fait reposer l'assujettissement
des actes de cette espèce au droit proportionnel d'enregistrement sur le seul principe de la translation de
propriété, d'usufruit ou de jouissance de biens meubles et immeubles, et l'on vient de démontrer que si
le parag. 2 de l'article 69 de la loi comprend les jugemens portant liquidation et collocation, c'est qu'ils
prononcent une condamnation au paiement, et forment

titre nouveau et paré pour y contraindre les parties
contre lesquelles ils sont rendus.

Enfin, on peut observer que tout partage comprend
nécessairement liquidation et collocation des droits de
co-partageans, et que cependant il n'est assujetti qu'au
droit fixe d'enregistrement de 3 fr., par le N°. 2 du
parag. 3 de l'art. 68 de la loi. Les précédentes lois
soumettaient ces actes au droit proportionnel, ainsi que
les inventaires, mais celle du 22 frimaire an 7, fidelle
à son principe fondamental, a fait cesser cette perception qui eût été incohérente.

Vouloir envisager les liquidations par actes civils
sous des rapports de transactions et d'arrêtés de compte, et conséquemment de nouvelles obligations passibles
du droit proportionnel de 1 par 100, c'est dénaturer
ces actes et oublier que les droits de chaque co-par-
tageant à la propriété des biens partagés sont préexis-
tans à leur liquidation et collocation pour arriver au
partage qui n'en est que déclaratif, et que les titres pri-
mitifs de transmission de ces biens ont précédemment
supporté les droits proportionnels.

D'après toutes ces considérations, nous pensons que
tout acte civil contenant règlement pur et simple des
reprises en droits respectifs entre des co-héritiers n'est
passible que du droit fixe d'enregistrement, sans préjudice néanmoins des autres droits, soit fixes, soit proportionnels résultant des dispositions différentes qui y
seraient contenues.

ART. 1349.

COMPTABILITÉ.

DROITS DE GREFFE.

La remise accordée aux greffiers pour mise au rôle ne peut s'étendre au droit de subvention.

Le greffier du tribunal de Gand avait demandé si la remise du décime par franc pour mise au rôle, doit lui être allouée sur le produit de la subvention de guerre qui se perçoit en sus des droits de greffe.

D'après l'art. 2 de la loi du 6 prairial an 7, cette prétention ne pouvait être accueillie.

En conséquence, le conseil d'administration a décidé, le 6 vendémiaire an 11, qu'il n'y avait pas lieu, dans l'espèce, d'allouer une remise sur le montant de la subvention de guerre.

ART. 1350.

DOMAINES NATIONAUX.

Une Maison nationale provenant de la fabrique d'une église, peut-elle être affectée au logement du nouveau curé?

On observait que la commune n'était pas en

état de supporter les frais de location ou d'acquisition d'une maison ; que les biens des fabriques étaient autrefois employés à pourvoir au traitement du curé et aux réparations de son habitation ; qu'ainsi ce ne serait pas changer la destination de l'immeuble.

Mais l'art. 72 de la section 4 de la loi du 18 germinal an 10 sur les cultes, est ainsi conçu :

" Les presbytères et les jardins attenans *non* " *aliénés*, seront rendus aux curés et aux desser- " vans des succursales. A défaut de ces presby- " tères, les conseils généraux sont autorisés à " leur procurer un logement et un jardin.

Il résulte de ces dispositions, que les seuls presbytères *non aliénés* sont rendus aux curés, et que le remplacement de ceux qui ont été vendus, est *une charge des communes* : ainsi c'est à celles-ci à pourvoir, à leurs frais au logement du curé, dans le cas dont il s'agit.

(Délibération de l'Administration du 3 nivôse an 11.)

Notice des Instructions générales.

Instruction générale, n°. 115, du 15 nivôse, relative à l'enregistrement en débet des actes de poursuites et autres ayant pour objet des recouvremens confiés à l'administration.

Instruction du 22 nivôse an 11, n°. 116, relative à l'exécution de la loi du 24 floréal an 10, portant amnistie pour crime de désertion à l'intérieur, commis avant le 1er. floréal an 10.

Instruction du 29 nivôse an 11, n°. 117. Distinction à établir dans les bordereaux de versement.

INSTRUCTIONS

DECADAIRES

Sur l'Enregistrement, les Droits y réunis, et Domaines nationaux,

Rédigées par une Société d'Employés de l'Administration de l'Enregistrement et du Domaine national.

Nº. 152.

Art. 1351.

ENREGISTREMENT.

Promesse de vendre.

Par acte sous seing-privé du 26 fructidor an 10, Pierre a reconnu vendre une maison, et promis en passer contrat dans un mois dudit jour, à Jean, moyennant le prix convenu entr'eux.

Jean a soumis ledit acte à l'enregistrement

Tome IX.   8

le lendemain 27 fructidor, et a déclaré que le prix qui avait été arrêté entre lui et son vendeur, se composait de la somme de 6,500 f., et de celle de 145 f. de pots de vin qu'il avait payé comptant au moment de l'acte.

Le droit de 4 pour 100 a été perçu sur 6,646 f.

Le même jour 27 fructidor, Pierre a vendu la même maison, par acte devant notaire, à Jacques, moyennant 5,200 f., et à la charge d'une rente perpétuelle de 92 f. au capital de 1,840 f., ce qui forme en tout un prix de 7,040 f.

Ce second acte a également acquitté les droits d'enregistrement de 4 pour 100, le 3 complémentaire an 10.

Jean, le premier acquéreur, persuadé qu'il ne pouvait valablement demander l'exécution de son titre, par la raison que son acte n'était d'aucune valeur, parce qu'il ne comportait pas énonciation de prix, et qu'étant sous seing-privé, il ne lui donnait aucune hypothèque, s'est contenté de réclamer la restitution du droit d'enregistrement qu'il a acquitté le 27 fructidor.

L'on demande si cette prétention est fondée.

La promesse dont il s'agit ne contenant pas de prix, elle ne peut être considérée que comme un engagement qui n'a pas transmis de propriété, et dont l'inexécution ne produit que des dommages et intérêts, en conséquence nous pensons que cet acte n'est passible que du droit fixe d'un franc, et que tout ce qui a été payé au-delà doit être restitué.

ART. 1352.

Adjudication de la levée des contributions directes, et nomination d'office des percepteurs.

Le préfet du département de l'Ourthe avait présenté au ministre des finances la question de savoir :

1°. Si les arrêtés par lesquels il autorise des percepteurs des contributions directes de l'an 10 à continuer cette perception pour l'an 11, devaient être assujettis au droit d'enregistrement;

2°. Si les nominations d'office faites par les maires y étaient également sujettes.

La décision du 12 ventôse an 7, portant que tous les procès-verbaux d'adjudications au rabais, de la levée des contributions directes, devaient être assujettis à l'enregistrement, semblait résoudre ces questions; mais elle a paru au ministre susceptible de distinction : il a en conséquence, le 23 frimaire an 11, statué ce qui suit.

» La décision du 12 ventôse an 7 s'applique,

2

„ sans difficulté, aux arrêtés des préfets et actes
„ des maires qui autorisent les percepteurs à
„ continuer leurs fonctions, où qui nomment
„ des individus qui acceptent volontairement
„ ces fonctions.

„ Il n'y a lieu à l'exemption d'enregistrement,
„ ainsi qu'il a été décidé le 28 pluviôse an 10,
„ que pour les nominations d'office qui sont
„ entièrement indépendantes de la volonté des
„ percepteurs nommés.

En transmettant cette décision, le ministre
observe que celle du 12 ventôse an 7, ne doit
point être étendue à toutes les nominations indistinctement; qu'elle s'applique, sans difficulté,
aux arrêtés qui continuent les perceptions d'une
année pour une autre, parce que ce sont de vé-
ritables marchés qu'il dépendait des percepteurs
d'accepter ou de refuser ; mais qu'à l'égard
des nominations d'office dont cette décision ne
fait aucune mention, elles sont incontestablement exemptes d'enregistrement, comme actes
d'administration publique.

Le ministre ajoute que sa décision du 28 pluviôse an 10, rendue conformément à l'avis du
conseil d'administration du 22 brumaire précédent, sur la réclamation du citoyen de Bussy,
percepteur à Clichy, ne doit être appliquée
qu'aux nominations qui se font contre la volonté de ceux sur qui elles tombent.

Lorsqu'un habitant d'une commune est nommé percepteur dans une autre, et que la nomination tombe sur un citoyen âgé de plus de 60 ans, et sur celui qui a déjà rempli cette fonction ; comme tous pouvaient refuser, aux termes de la loi, l'acte de nomination est volontaire de leur part, et doit conséquemment être enregistré.

Il en est de même de la nomination de celui qui offre de se charger de la perception, parce qu'il ne s'est présenté personne à l'adjudication au rabais. En général, la condition de fournir un cautionnement suffit pour rendre le droit exigible. Cette obligation ne peut être imposée à celui qui est nommé malgré lui.

ART. 1353.

Un jugement qui condamne un mari divorcé à payer, à son épouse, une pension alimentaire de mille francs, doit-il être enregistré sur la MINUTE dans le délai de 20 jours, à peine du double droit ?

On le prétendait ainsi, en observant que le jugement prononçait des condamnations sur des conventions sujettes à l'enregistrement, sans énonciation de titres enregistrés, et que dès-lors il rentrait dans les dispositions des

3

articles 7 et 35 de la loi du 22 frimaire an 7.

Mais la condamnation à une pension viagère, dérive des dispositions de l'art. 8, par. 3
de la loi du 25 septembre 1792 sur le divorce :

Cette loi porte que, ,, dans tous les cas de
,, divorce, il sera alloué une pension alimen-
,, taire à l'époux divorcé qui se trouvera dans
,, le besoin, autant néanmoins que les biens
,, de l'autre époux pourront la supporter, dé-
,, duction faite de ses propres besoins.

La loi faisant le titre de celui des époux qui
obtient la pension, il en résulte que le droit
d'enregistrement n'est exigible que sur l'expédition du jugement, et qu'il doit être réglé à
raison de 50 centimes par 100 f., sur le capital
au denier dix de la pension qu'il adjuge.

(Déc. du ministre des finances du 28 nivôse
an 11.)

ART. 1354.

AMENDES RELATIVES AUX OCTROIS.

DÉCIME POUR FRANC.

*Les amendes relatives aux octrois sont-
elles sujettes au décime par franc, soit
qu'elles aient été prononcées en justice,
soit qu'elles aient été payées volontairement par les contrevenans dans la décade,
pour retirer les objets saisis ?*

Les amendes relatives aux octrois se divi-
sent en deux classes ; les unes sont fixes, les
autres varient suivant la valeur des objets saisis.
La seule amende fixe qui puisse être prononcée
contre les redevables des droits d'octroi, est
celle de 5o f. déterminée par l'art. 15 de la loi
du 27 frimaire an 8, pour le fait de résistance
à l'exercice des préposés. Ces amendes doivent
être considérées comme peine d'un délit contre
les lois de la police générale, elles sont percep-
tibles au profit du trésor public, et le décime
par franc est dû sans difficulté sur ces sortes
d'amendes.

Mais il ne paraît pas en être de même pour
les amendes dont la quotité varie suivant la

4

valeur des objets saisis, soit qu'elles aient été prononcées en justice, soit que les contrevenans les aient payées volontairement dans la décade pour retirer les objets saisis.

D'après les lois, ces sortes d'amendes ne sont que des indemnités qui se composent d'une somme égale à la valeur des objets saisis ; or, elles excéderaient cette valeur, si on y ajoutait le décime par franc.

Ainsi, il n'y a pas lieu de percevoir le décime par franc sur ces dernières amendes.

(Délibération du 17 nivôse an 11.)

ART. :355.

DROITS DE GREFFE.

Le droit proportionnel de rédaction est-il dû sur le prix entier d'une adjudication d'immeubles sur sur-enchère d'une vente volontaire ?

D'après l'art. 69, paragraphe 7 de la loi du 22 frimaire an 7, les adjudications sur folle-enchère ne sont assujetties au paiement du droit proportionnel de 4 pour 100, que sur ce qui excède le prix de la précédente adjudication, si le droit en a été acquitté. On a appliqué ces dispositions aux adjudications sur sur-enchère sur vente volontaire, mais elles sont étrangères aux droits de greffe; le droit de rédaction représente le salaire du greffier, rédacteur de l'acte d'adjudication, il doit donc être réglé sur le prix intégral auquel elle s'élève, plus sur le montant des charges et frais taxés.

A R T. 1356.

T I M B R E.

Les mandats de paiement qu'un préfet délivre sur le prévosé du payeur général des dépenses diverses, peuvent-ils être timbrés à l'extraordinaire après leur expédition ?

On observait, pour l'affirmative, que l'envoi des pièces à la préfecture, par l'intermédiaire des sous-préfets, pour la vérification et obtenir l'ordonnance, commandait cette facilité, afin de ne pas exposer les parties, soit à des déplacemens, soit à adresser du papier timbré pour l'ordonnance; qu'il ne pouvait en résulter de fraude, le créancier ne pouvant toucher la somme qui lui est due, qu'en rapportant les pièces revêtues du timbre extraordinaire.

A la vérité, avant la promulgation de la loi
du 13 brumaire an 7 , on avait la faculté de
délivrer sur papier libre , les expéditions de ces
actes , avec la mention suivante : *Averti de faire
timbrer à l'extraordinaire avant d'en faire usage :*
mais cette faculté a été supprimée, à raison des
abus qu'elle avait produit , par une disposition,
générale de la loi précitée , qui soumet indistinctement au timbre les actes des autorités
constituées administratives , qui sont assujettis
à l'enregistrement , ou qui se délivrent à des
particuliers. On ne peut donc admettre de timbrer à l'extraordinaire les mandats dont il s'a-
git , sur-tout si l'on considère que deux décisions du ministre des finances, des 28 fructidor
an 9 et 8 pluviôse an 10, portent que , *dans aucun
cas*, on ne peut autoriser de timbrer à l'extraordinaire sans amende , les expéditions qui , par
leur nature ou par leur destination , doivent
être délivrées sur papier timbré.

A r t. 1357.

C O M P T A B I L I T É.

Les honoraires des défenseurs officieux chargés de défendre les accusés au tribunal criminel, doivent-ils entrer en taxe, et la dépense peut-elle en être faite sur exécutoires ou mandats du préfet ?

Cette question a été décidée pour la négative, relativement aux défenseurs officieux qui plaident en faveur d'un prévenu devant un conseil de guerre (1).

Les mêmes motifs qui ont déterminé cette décision, nous paraissent devoir la rendre commune aux procès qui s'instruisent aux tribunaux criminels. En effet, le code des délits et des peines veut, art. 321, 322 et 323, que le prévenu soit assisté d'un conseil, et déclare même la procédure nulle, si, à défaut de choix de la part du prévenu, le tribunal ne lui en nomme pas un d'office. Mais la défense des accusés ne peut être, aux yeux de la loi, en matière criminelle, qu'une fonction gratuite.

C'est une charge honorable de la profession

(1) Voyez notre n°. 148, art. 1329.

de jurisconsulte, de défendre les accusés; il n'y est attaché aucun salaire. On ne peut donc légalement leur en attribuer un. Ainsi ils ne peuvent ni figurer dans les frais de justice, ni être acquittés sur les mandats des préfets.

(Opinion des Rédacteurs.)

ART. 1346.

DOMAINES NATIONAUX.

Une maison canoniale a été vendue par la République, sans réserve de l'usufruit auquel l'ancien titulaire avait droit, comment doit être réglé l'indemnité résultant de la privation de cette jouissance?

L'indemnité dérive des dispositions des lois des 24 juillet 1790, 21 germinal an 5 et 26 nivôse an 6, pour en déterminer le montant; le préfet doit faire procéder à l'estimation de la valeur locative de la maison canoniale, à l'époque de l'adjudication, sous la déduction des contributions, charges et réparations locatives auxquelles les usufruitiers étaient tenus.

D'après cette estimation, l'indemnité viagère due sera fixée, par un arrêté que le préfet adressera au ministre des finances, pour être par lui approuvé, s'il y a lieu. L'ancien titulaire se pourvoira ensuite auprès du directeur général de la liquidation, pour obtenir la liquidation définitive et le paiement de son indemnité.

(Décision du Ministre des finances du 30 frimaire an 11.)

A r t. 1359.

Un capital de 4,000 f. qu'une testatrice a mis, par son testament, à la disposition de l'œuvre de S. Michel de Toulouse, et dont les intérêts doivent être employés annuellement à des bonnes œuvres par le curé, peut-il être réclamé par la commission des Hospices ?

Le capital et le revenu n'ont aucune affectation spéciale; il ne s'agit que d'une créance exigible à terme, et portant intérêt jusqu'au remboursement; dès-lors la commission des hospices de Toulouse ne peut se prévaloir de la loi du 4 ventôse an 9, pour s'approprier cette créance, qui n'est point de la nature des rentes qui, dans les cas prévus par cette loi, appartiennent aux hospices. Elle doit, au contraire, être considérée comme une propriété nationale, et les diligences nécessaires pour son recouvrement doivent être faites par les préposés de l'administration. (Délibération du 21 brumaire an 11.)

ART 1359.

COMPÉTENCE.

ABUS DE POUVOIR.

Les droits dont la perception est attribuée à la régie de l'enregistrement ne sont pas saisissables.

Par jugement du 23 pluviôse an 10, le tribunal civil de l'arrondissement de Wissembourg a condamné la régie de l'enregistrement à rembourser à François Metz une somme de 996 francs 60 centimes, pour frais d'enregistrement et amende indûment perçus.

Le 21 germinal suivant, François Metz a fait, en vertu de ce jugement, une saisie-arrêt entre les mains du greffier du tribunal civil de Wissembourg, de tous les deniers qu'il avait en mains appartenant à la République, et qu'il était dans le cas de verser dans les caisses de la régie de l'enregistrement.

Assigné en déclaration sur cette saisie-arrêt, le greffier a déclaré que, d'après l'arrêté de compte entre lui et le receveur de l'enregistrement, à l'égard des droits de mise au rôle qu'il avait perçus au nom de la République, il redevait à ce dernier la somme de 328 francs 35 centimes, qu'il était prêt à verser entre les mains de qui il serait ordonné par justice.

La régie de l'enregistrement, de son côté, a conclu à ce que la saisie-arrêt fût déclarée nulle et contraire aux lois concernant la manutention des deniers publics, sauf à François Metz à se présenter au bureau pour y recevoir ce qui lui revenait.

Mais sans s'arrêter à ces conclusions, le tribunal de Wissembourg a, par un autre jugement du 3 floréal an 10, déclaré la saisie bonne et valable.

Pourvoi au tribunal de cassation.

Le commissaire du gouvernement près ce tribunal a rappelé les observations du ministre des finances, adressées au Ministre de la justice, par sa lettre du 17 messidor an 10. » Le jugement dont est question, » dit le ministre des finances, est absolument contraire » aux principes qui régissent la comptabilité des de- » niers publics. Toutes les sommes dues par les offi- » ciers publics, et même par les particuliers, pour les » droits d'enregistrement et de greffe, doivent, dès » le moment où elles sont exigibles, être considérées » comme si elles avaient été versées dans les caisses » de l'Administration; et s'il était permis aux créan- » ciers de la République de les saisir, le recouvrement » serait entravé à chaque instant. Le gouvernement, » ou ses agens ayant pouvoir, à cet effet, ont seuls la » disposition des deniers composant le revenu public, » et le pouvoir judiciaire ne peut aucunement s'y » immiscer.

D'après ces observations, le citoyen Merlin, com- missaire du gouvernement, a requis qu'il plût au tri- bunal de cassation,

Vu l'article 13 du titre 2 de la loi du 24 août 1790, ainsi conçu :

» Les fonctions judiciaires sont distinctes, et de- » meureront toujours séparées des fonctions adminis- » tratives : les juges ne pourront, à peine de forfaiture, » troubler, de quelque manière que ce soit, les opé- » rations des corps administratifs, ni citer devant eux » ces administrateurs pour raison de leurs fonctions.

Casser et annuller pour excès de pouvoir, le jugement rendu le 3 floréal an 10, par le tribunal civil de l'arrondissement de Wissembourg.

Le tribunal de cassation, en vertu de l'article 80 de la loi du 27 ventôse an 8 a, par jugement du 16 thermidor an 10, cassé et annullé le jugement dont il s'agit.

Notice des Instructions générales.

Lettre du 23 nivose an 11. Remboursement des traites protestées pour prix de coupes de bois.

Autre du même jour. Relative aux rescriptions Richard Montjoyeux. Elles doivent être admises en paiement de domaines nationaux, sans exiger d'intérêts au-delà du 30 frimaire an 11.

Autre du 2 pluviose an 11. La contrainte a lieu pour frais de justice en matière de délits.

Instruction n°. 118, du 5 pluviose an 11. Relative aux baux à complant, aux tenures à devoir de tiers et de quart, et autres de même nature, quoique désignés sous des noms différens.

INSTRUCTIONS

DECADAIRES

Sur l'Enregistrement, les Droits y réunis, et Domaines nationaux,

RÉDIGÉES par une Société d'Employés de l'Administration de l'Enregistrement et du Domaine national.

Nº. 153.

ENREGISTREMENT.

Les marchés et traités passés par les commissaires ordonnateurs des guerres et agens du gouvernement, pour fournitures ou services, sont-ils sujets à la formalité de l'enregistrement dans les vingt jours de leur date ?

Ces marchés sont incontestablement sujets à

Tome IX. 9

la formalité de l'enregistrement, parce qu'ils ne sont point désignés dans les exceptions du § 3 de l'art. 70 de la loi du 22 frimaire an 7; qu'ils font titres aux parties prenantes, et qu'ils sont susceptibles d'être produits en justice ou devant les autorités constituées; mais aucune disposition de cette loi n'a assujetti ces actes, lorsqu'ils ne sont pas passés devant notaire ou en justice, ou devant des administrations centrales ou municipales, à être enregistrés dans le délai de vingt jours de leur date, sous peine du double droit. Cette circonstance ne permet pas de trouver une contravention dans la présentation, après les vingt jours, à la formalité, de ces actes, qui n'en sont au surplus passibles qu'après l'approbation du directeur de l'administration de la guerre.

(Décision du 7 nivôse an 11.)

A R T. 1361.

ACTES CONTENANT PLUSIEURS DISPOSITIONS.

De quels droits est passible un acte contenant la déclaration individuelle de soixante-quatre particuliers, sur leur vote personnel pour l'élection d'un juge de paix?

Suivant l'art. 11 de la loi du 22 frimaire an 7,

il est dû un droit particulier pour chaque disposition d'un acte qui ne dérive pas nécessairement les unes des autres.

La déclaration faite par chaque individu d'un
vote qui lui est personnel, est indépendante de
la déclaration des autres, et n'en dérive pas nécessairement.

Ainsi nous pensons qu'il doit être perçu soixante-quatre droits fixes d'un franc.

(Délibération du conseil d'administration du
28 brumaire an 11.)

A r t. 1362.

HYPOTHÈQUES.

*Un conservateur qui a omis une inscription
dans un certificat qu'il a délivré, et duquel
il est résulté un différend entre deux parties qui plaident devant un tribunal étranger à celui de l'arrondissement de son
bureau, peut-il y être cité en intervention?*

La loi du 21 ventôse an 7 porte, chapitre 4,
article 9 : ,, Les préposés à la conservation des
,, hypothèques auront domicile dans le bureau,
,, où ils rempliront leurs fonctions pour les ac-
,, tions auxquelles leur responsabilité pourrait
,, donner lieu.

2

» Ce domicile est de droit, il durera aussi
» long-tems que la responsabilité des préposés:
» toutes poursuites à cet égard pourront y être
» dirigées contr'eux, quand même ils seraient
» sortis de place, ou contre leurs ayans-cause.

D'après cette disposition, le conservateur ne
peut être actionné que devant le tribunal dont il
est justiciable.

ART. 1363.

VENTE D'IMMEUBLES. PRIX, VALEUR.

*Une vente d'immeubles est faite moyennant un prix
stipulé, et à la charge d'acquitter une rente foncière. Comment doit on en liquider les droits ?*

Cette question a été insérée, article 1297 de ces in-
tructions, et nous avons été d'avis que le droit d'enregistrement était perceptible, tant sur le prix exprimé
que sur le capital de la rente que l'acquéreur s'obli-
geait de payer.

Elle s'est présentée de nouveau, et l'affaire a été portée devant le tribunal de la Seine.

La partie a opposé un jugement du tribunal de cassation du 4 ventôse an 10, confirmatif d'un jugement
du tribunal de Chambéry, qui avait décidé que le droit
n'était exigible que sur le prix exprimé, et non sur le
capital de la rente.

A ce motif, le directeur de l'enregistrement a répondu, après avoir rappelé les principes sur la matière,
que le jugement du tribunal de cassation étant le premier et le seul qui ait été rendu dans l'espèce, ne pou-

vait établir sur ce point une jurisprudence contraire
aux lois et à l'usage constamment établi.

Le tribunal de la Seine a rendu, le 13 frimaire an 11
un jugement conçu en ces termes :

Attendu qu'aux termes de l'article 4 de la loi du
22 frimaire an 7 sur l'enregistrement, le droit proportionnel est établi, pour toute transmission de propriétés, et assis sur la valeur ; que d'après l'article 15
de la même loi, la valeur de la propriété des immeubles est déterminée pour la liquidation et le paiement
du droit proportionnel par le prix exprimé au contrat,
en y ajoutant toutes les charges en capital ; qu'au nombre de ces charges doivent être comprises les rentes
foncières que l'acquéreur s'est soumis par le contrat
de servir à la décharge du vendeur ; qu'en effet il est
évident que le vendeur transfère à l'acquéreur la
propriété toute entière de l'immeuble, puisque l'acquéreur peut à son tour en disposer aussitôt après la
passation du contrat ; qu'il serait contraire à tous les
principes établis, notamment depuis la loi du 11 brumaire an 7, que tant que la rente foncière existe sur
le fonds, la propriété de ce fonds se divise entre le
bailleur qui conserve la directe, et le preneur qui ne
reçoit que la propriété utile ; qu'en effet le vendeur
est tellement propriétaire de ce que l'on appelle directe
et de la propriété utile, qu'il peut à son gre disposer
de la totalité de la terre aussitôt après le contrat,
sans aucunement consulter ni le vendeur ni le propriétaire de la rente, pourvu qu'il paye les arrérages
de la rente ou qu'il en rembourse le capital ; qu'il suit
delà que le droit dû pour cette transmission de propriété doit être payé, soit qu'elle soit acquise avec
une somme capitale de deniers, ou au moyen de

l'obligation de servir les arrérages d'une rente d'un capital égal à cette somme, qu'en effet il est évident que si cette obligation n'eût pas été imposée à l'acquéreur, le prix de la vente eût été plus considérable à l'effet d'atteindre la juste valeur de l'immeuble par lui acquis, parce qu'il paye une partie de son prix en service d'arrérages, au lieu de payer en capital, ainsi qu'il en a la faculté, au moyen du remboursement qu'il peut faire du principal de la rente dont il se charge de payer les arrérages ; que cette faculté dans l'espèce était constante, soit d'après les conventions portées au contrat, soit d'après la législation actuelle qui ne considère point les rentes foncières comme immeubles et qu'elles sont toujours rachetables, attendu que la législation ancienne était établie sur les mêmes principes ; qu'en effet avant l'établissement du droit d'enregistrement ceux de centième denier et de contrôle auxquels il a été substitué, étaient dûs, non seulement pour le prix exprimé au contrat, mais encore pour les charges, même pour les rentes foncières qui alors étaient non-rachetables, que la jurisprudence et l'usage n'ont jamais varié sur ce principe, que l'une et l'autre ont été consacrées par une disposition formelle de la loi du 19 décembre 1790, portant établissement du droit d'enregistrement, laquelle porte, art. 5 :

» Le droit d'enregistrement pour les ventes sera perçu » sur le prix exprimé, sans fraude, y compris le capital » des redevances et de toutes les charges dont l'acqué- » reur est tenu. » Que cette disposition n'est autre que celle ci-dessus énoncée de la loi du 22 frimaire, maintenant en vigueur ; qu'il en résulte, ainsi que des principes qui précèdent, que le capital des rentes foncières que l'acquéreur se charge de payer, doit être compté au nombre des charges auxquelles il faut, d'après la loi, avoir égard, pour déterminer la quotité du droit proportionnel dû pour les ventes : attendu qu'en suivant des principes contraires, il en résulterait un inconvénient majeur aussi préjudiciable aux intérêts du fisc, que contraire à la lettre et à l'esprit de la loi ; qu'en effet, il pourrait arriver qu'un vendeur et un acquéreur viendraient à bout de se transmettre la propriété d'un immeuble, sans payer aucun droit, en convenant entre eux que l'acquéreur serait seulement chargé de servir les arrérages de rentes foncières dues par le vendeur jusqu'à concurrence du prix de l'immeuble ; par ces diverses considérations, le tribunal déboute le C. Cordonnier de la demande en restitution, et le condamne aux dépens.

ART. 1364.

INSTANCE.

La contestation sur l'opposition à une contrainte décernée pour supplément de droit d'enregistrement d'un acte sous seing-privé, doit-elle être portée devant les juges de la situation du bureau qui a décerné la contrainte, ou devant les juges du domicile de celui contre lequel la contrainte a été décernée ?

Jugement du Tribunal de Cassation.

Le 21 prairial an 9, Isnard avait fait enregistrer, au bureau de Sisteron, un acte sous seing-privé du 22 prairial an 5, contenant transaction entre lui et les sœurs Goudemar.

Le 26 thermidor suivant, contrainte est décernée par le receveur de l'enregistrement à Sisteron, contre Isnard, afin de paiement du supplément de droit, dont le susdit acte était susceptible. La contrainte avait été préalablement visée du juge de paix du canton de Sisteron.

Isnard y forme opposition avec assignation devant le tribunal de Digne, lieu de son domicile.

Le directeur de l'enregistrement décline ce tribunal, et cite Isnard devant le tribunal de Sisteron. Sur ces instances deux jugemens interviennent.

L'un du tribunal de Digne, du 25 pluviôse an 10, a retenu de la cause, sur le motif que dans le droit le demandeur est tenu de poursuivre ses droits devant le juge du domicile du défendeur, que dans le fait c'est la régie qui est demanderesse.

Le tribunal de Sisteron, par jugement du 17 ventôse an 10, considérant que dans l'espèce la juridiction doit être déterminée à raison de la nature, et non pas à raison des personnes ; qu'Isnard ayant présenté l'acte au bureau de Sisteron, a contracté l'obligation d'en acquitter les droits dans cet endroit ; que là contrainte ayant été décernée par le receveur de ce bureau et visée par le juge de paix du même lieu, il n'y a que les juges de Sisteron qui puissent en connaître ; considérant néanmoins que les juges de Digne se sont déjà déclarés compétens, renvoie les parties à se pourvoir en réglement de juges.

L'affaire portée devant le tribunal suprême, l'administration a exposé que dans l'espèce la compétence devait se régler à raison de la matière, et non à raison du domicile ; qu'Isnard étant venu faire enregistrer un acte à Sisteron, était soumis à l'action et aux pour-

suites du receveur de ce bureau; que tel est le vœu
de l'article 1 du titre 14 de la loi de 1790, qui porte :
» Les actions civiles relatives à la perception des im-
» pôts indirects devront être jugées par les juges de
» district ». Ce qui ne peut s'entendre que de ceux du
lieu où est établi le bureau où l'impôt doit être perçu.

Cette disposition, a-t-elle ajouté, est expressément
confirmée par l'article 64 de la loi du 22 frimaire an 7.
Il y est dit : » La contrainte doit être décernée par le
» receveur et préposé de la régie, visée et déclarée
» exécutoire par le juge de paix du canton où le bu-
» reau est établi ; et l'exécution de la contrainte ne
» peut être interrompue que par une opposition for-
» mée par le redevable et motivée avec assignation,
» à jour fixe, devant le tribunal civil du département,
» aujourd'hui représenté par le tribunal de première
» instance ». Ce qui ne peut s'entendre que de celui
dans l'arrondissement duquel se trouvent et le bureau
dont est sorti la contrainte, et le juge de paix qui l'a
visée.

Qu'on lise enfin les lois des 19 août 1791 (art. 4),
sur les revenus nationaux, celle du 14 septembre 1790,
art. 1, sur les impôts indirects, et l'on en conclura que
le but commun de ces lois est d'accélérer la perception
de l'impôt, et qu'il importe essentiellement de conserver une attribution de juridiction sans laquelle leur
rentrée serait plus souvent difficile, et presque toujours retardée.

Ces motifs ont déterminé un premier jugement rendu par défaut le 30 messidor an 10, qui renvoie la cause
et les parties devant le tribunal de Sisteron, attendu
que l'acte a été présenté au bureau de Sisteron, que
la contrainte a été décernée par le receveur de ce

bureau, et visée par le juge de paix de la même ville.

Isnard y a formé opposition ; mais il en a été débouté par jugement défi iuf du 14 nivôse an 11.

ART. 1365.

AMENDES.

Les indigens ne jouissent pas de l'exemption des amendes d'appel.

Un lieutenant honoraire, à l'Hôtel des Invalides, avait demandé d'être dispensé de la consignation de l'amende prescrite par l'arrêté des Consuls du 27 nivôse an 10, comme appelant d'un jugement d'un tribunal de première instance, sur l'impossibilité où il était d'effectuer cette consignation.

Le ministre des finances lui a répondu, le 28 nivôse an 11, que l'art. de la loi du 14 brumaire an 5, qui dispense les indigens de la consignation d'amende, n'est applicable qu'aux pourvois en cassation ; que cette circonstance n'existant pas dans l'espèce, il ne pouvait y avoir lieu d'accueillir sa demande.

ART. 1366.

TIMBRE.

Actes que doivent produire les ex-religieu-
ses pour leurs pensions et mandats qui leur
sont délivrés pour en toucher les arrérages.

L'art. 3 de l'arrêté du 17 floréal an 9, qui prononce que ces actes seront délivrés sans aucuns frais, n'est point applicable au droit de timbre dont l'exemption ne peut avoir lieu qu'autant qu'elle est textuellement ordonnée.

On doit distinguer, par rapport à ces pensions, les actes de naissance et les certificats de vie et de résidence produits pour en obtenir la liquidation, conformément à cet arrêté. Ces actes, délivrés par les maires, doivent, dans ce cas, jouir de l'exemption prononcée par la loi du 26 frimaire an 8, pour les actes des administrations tendant uniquement à la liquidation de la dette publique.

Mais lorsqu'il s'agit de toucher les arrérages de ces pensions, les extraits et certificats produits, et les mandats délivrés à cet effet, doivent être nécessairement sur papier timbré, dès qu'il n'a point été dérogé à cet égard à la loi du

13 brumaire an 7, donc le dernier alinéa du n°. 1er. de l'art. 12 s'applique sans difficulté à ces actes.

(Lettre du ministre des finances au préfet du département de la Roër, du 28 ventôse an 11.)

A r t.   1367.

DOMAINES NATIONAUX.

L'article 1er., *titre 2 du décret du 20 août 1792, qui abolit la solidarité entre co-débiteurs pour le paiement des arrérages de rentes, est-il applicable aux rentes purement foncières et aux rentes constituées?*

Des redevables de rentes purement foncières, et même de rentes constituées, argumentent de ce décret pour prétendre que, lorsque par des partages, ou autres conventions, ils se sont divisé les fonds et la charge du paiement de ces rentes, ils sont dégagés de toute solidarité, et ne sont tenus que de la portion qui leur incombe.

On a pensé que cette prétention, si elle était fondée, donnerait lieu à divers inconvéniens, tels que la division à l'infini de rentes, déjà modiques en elles-mêmes, l'extrême difficulté du recouvrement de celles en nature et la nécessité de prendre de nouvelles inscriptions hypothécaires à chaque division ou subdivision.

Ce sont ces considérations qui ont donné lieu à la question.

Les partisans de l'opinion précédemment émise observent que l'article 1er , titre 2 du décret du 20 août 1792 , abolit la solidarité pour le paiement des cens, rentes, prestations et redevances, de quelque nature qu'elles soient, et porte que chacun des redevables sera libre de servir sa portion de rente sans qu'il puisse être contraint de payer celles de ses co-débiteurs.

L'article dont il s'agit est conçu en ces termes :
» toute solidarité pour le paiement des cens,
» rentes , prestations et redevances , de quel-
» que nature qu'elles soient , et sous quelques
» dénominations qu'elles existent , est abolie
» sans indemnité , même pour les arrérages
» échus , en conséquence chacun des rede-
» vables sera libre de servir sa portion de
» rente sans qu'il puisse être contraint à payer
» celles de ses co-débiteurs. »

Le mot *rentes* , qui paraît pris dans son acception la plus générale est la seule difficulté que présente cette disposition , c'est donc dans les motifs et l'esprit du décret qu'il faut en chercher la solution.

Les considérans qui précédent le décret développent les motifs du législateur , c'était de hâter l'affranchissement des propriétés, d'assurer l'indépendance absolue des serfs et de favoriser les progrès de l'agriculture, arrêtés, est-il dit, par une multitude de droits onéreux et une foule de contestations ruineuses pour les habitans des campagnes ; ainsi le principal but du décret a été de donner aux détenteurs la faculté de rendre leurs héritages libres des charges dont ils étaient grevés.

Cela posé la question doit se résoudre par la nature des choses.

Les charges ou droits onéreux étaient les droits féodaux supprimés antérieurement, mais dont jusqu'alors le rachat ne pouvait être fait divisément, les autres charges des propriétés, en ce qui concerne la question, étaient les rentes seigneuriales et les rentes purement foncières.

Les droits féodaux et les rentes seigneuriales, ou mêlées de féodalité ont été supprimées, sans indemnité, par le décret du 17 juillet 1793, ainsi sous ce rapport, il n'y a plus lieu à l'exécution du décret du 20 août 1792, mais il ne s'ensuit pas qu'elle doive cesser à l'égard des objets non supprimés auxquels il est applicable.

Ceci ramène à la première partie de la question.

Le décret est-il applicable aux rentes purement foncières ?

Les rentes foncières étaient dues par l'immeuble , et non par la personne; elles l'étaient
solidairement par tous ceux qui possédaient
quelque partie du fonds sujet à la rente, sans
qu'ils pussent opposer la discussion ; elles pro-
duisaient une action réelle , foncière contre le
détenteur qui ne pouvait se libérer que par le
déguerpissement , certainement toutes ces conditions formaient pour l'héritage une véritable
charge. Or on vient de voir que l'intention bien
prononcée du législateur a été de rendre les fonds
libres de toutes charges , donc les rentes purement foncières sont comprises dans le nombre
de celles pour lesquelles l'article 1er. du décret
a aboli la solidarité du paiement des arrérages.

La seconde partie de la question consiste à
savoir si les rentes constituées y sont également
comprises.

Les rentes constituées ne sont pas comme
les rentes foncières , un droit réel établi sur
un héritage ; elles forment une créance personnelle ; elles n'ont même aucune situation.
Or, on le répète , le législateur ne s'est occupé
que de l'affranchissement des fonds , de l'anéan-
tissement des charges dont ils étaient grévés ;
ainsi il est évident qu'il n'a pas eu l'intention
d'étendre aux rentes constituées les dispositions
de l'article dont il s'agit.

Il y a plus ; c'est que l'on ne pouvait songer à abolir la solidarité de paiement d'arrérages entre co-débiteurs de rentes constituées , parce qu'elle n'existe que dans le cas de stipulations expresses , qui sont extrêmement rares.

Mais en principe général , le droit de rente constituée est indivisible. Si le créancier laisse plusieurs héritiers, chacun d'eux n'est que pour sa part héréditaire créancier de cette rente trouvée dans la succession , réciproquement si le débiteur de la rente laisse plusieurs héritiers , chacun d'eux n'est , en sa qualité d'héritier , tenu de payer et continuer la rente que pour sa portion héréditaire ; seulement il ne peut être admis à la racheter pour cette part , attendu que cette faculté de rachat est indivisible , et que l'art. 2 du décret du 20 août 1792 n'a pas abrogé la règle sur ce point.

Il résulte de ce qui précède , que les co-débiteurs de rentes foncières , qui prétendent avoir droit de ne payer les arrérages qu'en proportion de la partie dont ils sont détenteurs, sont bien fondés d'après l'article 1er. du décret, et que les débiteurs de rentes constituées le sont également , d'après les principes de la matière auxquels le décret n'a porté aucune atteinte.

INSTRUCTIONS

DECADAIRES

Sur l'Enregistrement, les Droits y réunis, et Domaines nationaux,

RÉDIGÉES par une Société d'Employés de l'Administration de l'Enregistrement et du Domaine national.

N°. 154.

ART. 1368.

ENREGISTREMENT.

VENTES VERBALES ANTÉRIEURES A LA LOI DU 27 VENTOSE AN 9.

Par acte notarié du premier germinal an 8, un vendeur et un acquéreur déclarent réaliser la vente par eux verbalement faite à l'époque du 7 frimaire an 7,

avec la garantie de leurs faits et pro-
messes seulement.

Peut-on demander sur cet acte les droits et
amendes résultant de la convention verbale du
7 frimaire an 7, sauf déduction de ceux perçus
sur l'acte notarié ?

Pour la négative on dit : « une cession ver-
» bale d'immeubles ne transmet rien, et peut
» demeurer sans effet par la seule volonté des
» parties ou le décès de l'une d'elles ; il en ré-
» sulte que de semblables conventions ne peu-
» vent opérer de droits, au surplus, l'acte
» notarié, qui contient la cession réelle, ne
» permet pas de croire qu'on ait eu l'envie
» de se soustraire au paiement des droits de
» mutation ».

Cette observation est juste, elle est d'ailleurs conforme aux principes, en effet, l'art. 4
de la loi additionnelle du 27 ventose an 9, soumet aux dispositions des articles 22 et 38 de la
loi du 22 frimaire an 7, les mutations de biens
immeubles, lors même que les nouveaux possesseurs prétendraient qu'il n'existe pas de conventions écrites entre eux et les précédens propriétaires ; or, ce n'est donc que depuis cette
dernière loi que les mutations verbales sont
assujetties nommément à la formalité de l'enre-

gistrement. Celle, dont il s'agit, se trouvant antérieure à cette loi, elle n'est passible d'aucuns droits ; enfin, cette mutation ayant été réalisée par acte en forme, on peut considérer la convention antérieure comme une promesse de vendre indéterminée, qui n'aurait pas été assujettie au droit proportionnel.

A r t. 1369.

I n s i n u a t i o n.

Un donataire, à qui il a été fait, par différentes personnes, plusieurs donations dans un même acte public, reçu devant un notaire de Paris, avant la loi du 19 décembre 1790, peut-il faire insinuer une seule de ces donations, et dans ce cas est-il dû un droit d'enregistrement fixe ou proportionnel ?

Il n'en est point de l'insinuation légale, qui est facultative, comme ci-devant de l'insinuation bursale, à laquelle on pouvait contraindre les parties. Le défaut de formalité de l'insinuation d'une donation entraîne la nullité de cette donation, et n'est susceptible d'aucune autre peine, les donataires peuvent n'en pas faire usage, et ne pas la faire insinuer ; par une conséquence nécessaire, celui à qui il a été fait plusieurs donations par le même acte, a la liberté de ne pas faire insinuer celles de ces donations dont il ne veut pas faire usage.

Quant au droit d'enregistrement, il est certain que le préposé de l'administration, qui donne la formalité à une donation entre-vifs, agit en qualité de greffier des insinuations.. et fait un acte public sujet à l'enregistrement; mais le droit ne peut être qu'un droit fixe, car le droit proportionnel n'est dû que sur les actes emportant transmission; or, la formalité de l'insinuation n'opère pas la transmission; elle était effectuée par l'acte sur lequel le droit proportionnel est censé avoir été perçu, le contrat ayant été passé par un notaire de Paris.

(Délibération du 8 pluviose an 11).

ART: 1370.

PRESCRIPTION.

Peut-on recevoir des droits prescrits ?

Voici ce qui a donné lieu à cette question ; une personne est décédée le 27 brumaire an 8, ses héritiers ont déclaré, le 11 floréal suivant, que les biens qu'ils avaient recueillis étaient de valeur de 29,000 fr., ils ont acquitté les droits de mutation sur ce pied.

Cette évaluation ayant paru suspecte au receveur, il s'est livré à des recherches, qui l'ont mis à portée d'établir que les biens déclarés étaient d'une valeur bien supérieure.

Il a, en conséquence, invité les héritiers à rectifier leur estimation, ce qui a été fait le 28 brumaire an 11, sur les simples avertissemens du receveur.

La déclaration supplétive est pure et simple, et ne contient aucune réserve de la part des héritiers, ce qui annonce qu'ils ont volontairement acquitté le supplément exigible.

Dans cet état on demande :

1°. Si le receveur a pu légalement recevoir, le 28 brumaire an 11, un supplément de droits pour une déclaration passée le 11 floréal an 8, lorsque ce supplément n'avait pas été conservé par un acte extra-judiciaire, antérieurement à l'expiration du délai fixé par le parag. 1er. de l'art. 61 de la loi du 22 frimaire an 7.

2°. Si les héritiers sont fondés à réclamer la restitution du supplément par eux acquitté en invoquant la prescription.

Sur la première question, nous pensons que l'administration, comme tout autre créancier, peut demander, sans toutefois diriger de poursuites, le paiement des droits prescrits, et que jamais un créancier ne doit être blâmé de n'avoir pas prévenu son débiteur qu'il pouvait invoquer la prescription.

A cet égard, la loi du 22 frimaire an 7, sous l'empire de laquelle la mutation a été opérée, en fixant un délai; passé lequel *la demande des droits se trouve prescrite*, n'a pu et voulu défendre que les *demandes extra-judiciaires*, afin de mettre un terme aux recherches des receveurs, et aux inquiétudes des redevables, mais elle n'a pas dérogé aux principes reçus en matière de prescription, d'après lesquels il est autant permis au créancier de recevoir, qu'au débiteur de bonne foi de renoncer au bénéfice d'un moyen que la probité et la délicatesse repoussent.

Il y a cependant cette différence entre l'administration et un créancier ordinaire; que celui-ci peut former une demande, engager une instance, et faire prononcer sur la prescription invoquée par le débiteur, tandis que l'administration n'est pas fondée à exercer de poursuites, parce que c'est la *demande même* qui se trouve prescrite d'après les dispositions de l'article 61 de la loi du 22 frimaire an 7.

Quant à la deuxième question, nous estimons que la demande en restitution ne serait pas admissible.

Ce principe est consacré par Pothier, en son

traité des obligations, deuxième volume, page 282, n°. 666, où il dit :

« Si la simple reconnaissance de la dette
» couvre et abolit la prescription, à plus forte
» raison doit-on le dire du paiement qui serait
» fait de la dette. depuis le tems de *la pres-*
» *ription accomplie.*

» Celui qui paie, quoiqu'après le tems de la
» prescription accomplie, est donc censé payer
» ce qu'il doit, et il ne peut le répéter.

Un texte aussi formel ne laisse plus d'objection àfaire sur cet objet.

En dernière analyse, notre opinion est, que le receveur a pu recevoir le supplément payé à son bureau le 28 brumaire an 11, et que l'administration ne pourrait être tenue d'en effectuer la restitution, sous le prétexte que le paiement a été fait, la prescription étant accomplie.

A R T. 1371.

Bail à ferme contenant de la part des preneurs en faveur des bailleurs, reconnaissance par forme de cheptel, d'une somme numérique stipulée remboursable dans les mêmes espèces à l'expiration du bail.

On demande si cette clause donne ouverture à un droit d'enregistrement particulier ?

4

Cette stipulation , dit-on , est liée essentiellement aux autres conditions du bail , elle ne doit
être considérée que comme un moyen adopté
par le bailleur , pour en assurer l'exécution , en
facilitant l'exploitation du preneur , en un mot,
c'est une espèce de condition sans laquelle le
bail ne se serait pas fait , et c'est en sa considération que le loyer stipulé s'est élevé à la somme
exprimée au bail.

Cette opinion ne peut se soutenir que parce
que l'on s'en tient plus aux expressions de la
clause qu'à ses effets, le cheptel ne peut s'entendre que du bétail, qui peut se donner à
louage, et qui par cette raison fait partie des
objets affermés dans les baux, où il est stipulé ,
et c'est par ce motif que cette stipulation ne
donne pas ouverture à un droit particulier d'enregistrement ; mais il n'en est pas de même de
l'argent, qui n'est pas susceptible d'être donné
à titre de ferme, une telle clause est un prêt in-
dépendant du bail, et n'en dérive pas nécessairement ; elle donne lieu à un droit particulier.

ART. 1372.

CAUTIONNEMENT.

Un particulier s'est rendu caution de l'exé-
cution d'un bail passé authentiquement ;
le droit proportionnel d'enregistrement a
été perçu sur cette disposition ; par un
acte postérieur, et avant l'entrée en
jouissance du fermier, ce dernier a pré-
senté et le bailleur a accepté une nouvelle
caution au lieu et place de la première,
le droit proportionnel est-il dû sur cette
nouvelle disposition ?

Pour affranchir ce dernier acte du droit proportionnel, on a dit que le premier cautionnement, dont l'acte avait été revêtu de la formalité, n'avait eu aucun effet.

Cette prétention n'est pas fondée. Le droit
proportionnel, sur le cautionnement contenu
dans le bail, a été perçu régulièrement ; et la
disposition postérieure, qui décharge la première caution de son obligation, ne peut pas
plus faire bénéficier la nouvelle caution du droit
acquitté, que la première caution n'aurait droit
à en demander la restitution. Le droit de cautionnement perçu sur le bail, est acquis au tré-

sor public, l'obligation de la nouvelle caution
est une, entière et indépendante de la première,
elle est donc passible du droit proportionnel.

A r t. 1373.

I N S T A N C E S.

Comment doit on procéder pour la signifi-
cation des contraintes à des étrangers
propriétaires en France, et qui n'y ont
pas domicile ?

L'art. 7 du titre 2 de l'ordonnance de 1667,
porte :

« Les étrangers, qui seront hors le royaume,
» seront ajournés ès hostels de nos procureurs-
» généraux des parlemens où ressortiront les
» appellations des juges devant lesquels ils
» seront assignés ; et ne seront plus données
» aucunes assignations sur la frontière ».

En appliquant, dans l'espèce, cette disposition
à l'organisation actuelle des tribunaux, c'est au
commissaire du gouvernement près le tribunal
d'appel, dans le ressort duquel se trouvent les
biens et le bureau d'où part la demande, que
doivent être signifiées les contraintes et autres
actes nécessaires pour l'exercice des droits de la
république.

A R T. 1374.

R E N T E S.

DES RENTES PRÉTENDUES FÉODALES.

Un particulier, qui n'était pas seigneur possesseur
de fief, n'a pu créer des rentes féodales.

Pierre Laxaque, de la commune de Laquinge, département des Basses-Pyrénées, arrenta jadis un moulin à Jean Eschecopar. Le contrat ne parla point de haute et moyenne justice ; mais le moulin fut cédé sous la redevance annuelle de seize conques de *f oment de fief*, et sous la réserve du *retrait féodal*.

La rente était bien pour concession de fonds, mais n'était-elle pas entachée de *féodalité*, et en ce cas n'était-elle pas abolie ?

Cette question, portée devant le tribunal des Basses-Pyrénées, ce tribunal, par jugement du 25 ventôse an 9, se déclara pour la négative.

Pourvoi en cassation, de la part du débiteur de la rente, fondé sur une contravention aux lois abolitives des rentes féodales ou entachées de féodalité ; son défenseur a puisé la force de son moyen dans l'historique de la législation sur la matière des rentes.

4 août 1789. Décret qui *anéantit*, sans indemnité, les droits tant *féodaux* que *censuels*, ceux qui tenaient à la main-morte, et tous ceux qui les représentaient. Les autres droits féodaux furent déclarés rachetables.

Les rentes *foncières*, qu'on ne voulait pas alors confondre avec les autres droits féodaux, furent pareillement déclarées rachetables.

28 mars 1790. Loi qui désigne quels sont les droits supprimés ; et ceux qui, ne l'étant pas, peuvent être rachetés. Parmi ces derniers furent compris *les droits tant réels que censuels, qui avaient été le prix et la condition d'une concession primitive de fonds.*

25 août 1792. Loi, qui fait sortir de la classe des droits rachetables et jette dans celle des droits supprimés, tous ceux dont l'origine ne serait pas dans un *acte primordial* d'inféodation, d'accensement ou de bail à cens. Ainsi les reconnaissances, les actes possessoriaux n'eurent plus de force, il fallut un titre, une concession.

L'art. 18 excepta les redevances qui ne tenaient point à la féodalité, et qui étaient dues par des particuliers à d'autres particuliers non seigneurs ni possesseurs de fiefs.

17 juillet 1793. Loi qui supprime, sans indemnité, tous les droits féodaux, censuels, fixes et casuels, même ceux conservés par le décret du 25 août précédent.

Les rentes ou prestations purement foncières, et non féodales, furent exceptées de cette suppression.

Tous les titres constitutifs ou récognitifs des droits supprimés durent être déposés dans trois mois, au greffe des municipalités, pour être ensuite brûlés.

2 octobre 1793. Le comité de législation demanda que l'on séparât les actes portant concession primitive de fonds à titre d'inféodation ou d'accensement, ce qui était purement foncier, d'avec les droits qui, sous le nom de cens et de casualité, rappelleraient le régime aboli par la loi du 4 août 1789, et que l'on prorogeât à six mois le brûlement des titres féodaux mixtes.

Ordre du jour, motivé sur la loi du 17 juillet précédent.

7 ventôse an 2. Sur la question : » Si la régie de

» l'enregistrement peut recevoir le rachat qui lui est
» offert d'une rente de trente-cinq septiers de bled,
» qualifiée foncière et seigneuriale par le titre primitif
» ou bail d'héritage, dans lequel est en même tems
» stipulé un droit de cens emportant lots et ventes ».
La convention nationale, considérant que déjà elle a
déclaré, par un décret d'ordre du jour du 2 octobre
1793, qu'elle avait entendu, par la loi du 17 juillet
précédent, supprimer, sans indemnité, les rentes foncières, qui avaient été crééesmême pour concession de
fonds, avec mélange de cens ou autres signes de seigneurie ou féodalité, déclare qu'il n'y a pas lieu à
délibérer.

Ainsi, a-t-on dit, par la législation actuelle, toute
rente, même foncière, est abolie, si elle est entachée
de féodalité.

Ce point est si constant, que le gouvernement pro-
posa, le 17 ventôse an 8, de rétablir tout ce qui est
rente foncière, bien qu'il y eût mélange de féodalité.

Son projet fut repoussé par le tribunat. Le gouvernement lui-même l'a retiré. Ainsi nul doute sur le sens
de la législation actuelle.

La loi peut être inique ; mais elle existe. Les tribunaux
ne sont pas les réformateurs, mais les conservateurs de
la loi.

Quel est donc le motif du jugement violateur de cette
législation subsistante ?

Il a considéré que Pierre Laraque n'était pas seigneur, que la rente était due de particulier à particulier;
et de ce fait il a conclu qu'une telle espèce de rente
n'était pas comprise dans la suppression

Il est vrai que l'art. 18 de la loi du 25 août 1792,
avait conservé les rentes qui étaient dues par des par-

ticuliers à d'autres particuliers, non seigneurs ni possesseurs de fiefs.

Mais le 17 juillet vint supprimer même les rentes
conservées par le décret du 25 août 1792.

Le 2 octobre 1793, le 7 ventôse an 2, le 29 floréal
an 2, d'autres décrets ont opéré ou exprimé la suppression de toute rente entachée de féodalité.

Ainsi la question de fait, en matières de rentes,
n'est plus de savoir si elles sont établies par des particuliers envers des particuliers, mais bien de savoir si
elles sont entachées de féodalité.

Or, dans l'espèce il y avait redevance, *froment de
fief*, *retrait féodal* ; la féodalité, si elle ne préexis-
tait au contrat, était établie ou imitée par le contrat.
La rente était donc abolie par la loi qui a supprimé
les rentes établies par les contrats entachés de la plus
légère marque de féodalité, et le jugement qui a déclaré la rente non supprimée a contrevenu à la législation actuelle.

Le tribunal de cassation; attendu 1°. qu'il a été
déclaré constant en fait, tant par le jugement attaqué
que par celui de première instance, que Pierre Lexaque,
qui a consenti le bail à rente notarié du 8 mars 1774,
n'était pas seigneur de la commune de Laquinge, lieu
de la situation du moulin et dépendances, par lui
donnés à rente, et que ses adversaires n'ont ni articulé,
ni posé en fait qu'il y ait aucune seigneurie ou fief
dans ladite commune, ni sur les objets par lui arrentés,
d'où il suit qu'il n'a pu se constituer qu'une rente foncière, et que, par les mots *froment de fief*, établis
audit bail à rente, les parties n'ont probablement entendu, l'une recevoir et les autres payer, que du fro-

ment de la même qualité que celui qu'on emploie dans le pays à l'acquittement des rentes féodales.

2°. Que, s'il était vrai que par les expressions *froment de fief* Laxaque, d'ailleurs, eût entendu se créer une rente féodale ; cette qualité de féodalité aurait été nulle et de nul effet, même selon les anciens principes, puisqu'alors il n'appartenait qu'aux seigneurs et possesseurs de fief, de se constituer des rentes féodales sur les domaines dépendans de leurs fiefs ; qu'ainsi la rente dont il s'agit n'a pu être considérée que comme purement foncière.

3°. Que cette nature de foncialité ne peut recevoir aucune atteinte de la réserve portée au contrat de l'exercice de retrait féodal, en cas de vente de la totalité des objets transportés par la transaction dont il s'agit, soit parce que cette réserve est indépendante de la rente, soit parce qu'elle sert à prouver encore que Laxaque n'était pas seigneur du fief ; car, s'il l'eût été, la stipulation de cette réserve était inutile, parce qu'en cas de vente des objets arrentés, le bailleur aurait eu, par la force de la loi alors existante, l'exercice du droit de retrait féodal, et il l'aurait eu, quand même on n'aurait aliéné qu'une partie des héritages.

4°. Qu'en décidant par le mérite de ces faits et des principes qui y sont applicables, que la rente dont il s'agit est purement foncière, et qu'en cette qualité, elle se trouve exceptée de la suppression ordonnée par les lois d'août 1792 et juillet 1793 ; les juges dont le jugement est attaqué n'y sont pas contrevenus, et qu'ils s'y sont, au contraire, conformés, quant à l'exception qu'elles contiennent.

Rejette le pourvoi.

Du 4 vendémiaire an 10. Section des requêtes.

Notice des Instructions générales.

Lettre du 20 pluviôse an 11. Les héritiers des condamnés révolutionnairement peuvent payer les droits d'enregistrement des successions auxquelles ils sont rappelés, en bons de restitution ou en valeur représentative, surseoir jusqu'à nouvel ordre à toute poursuite, mais il faut des actes conservatoires.

Autre du 22 dudit. Les reventes à la folle-enchère des acquéreurs déchus ne doivent avoir lieu que pour les domaines, à raison desquels il a été souscrit des cédules. Dans le cas où il n'aurait pas été souscrit de cédules, ou lorsque celles qui l'ont été n'ont pas sorti des mains du receveur des domaines ou de celles des préposés du trésor public, les reventes doivent être faites purement et simplement en exécution des lois des 15 et 16 floréal an 10.

Instruction générale du 27 dudit, n°. 119, sur les huit états destinés à présenter les ventes de bois nationaux et la situation du recouvrement des diverses parties de l'administration forestière. L'usage de ces états doit commencer à l'an 11. Quant aux années antérieures, il en sera rendu compte, comme par le passé, jusqu'à leur épurement.

Lettre du 28 dudit. Arrêté des Consuls relatif aux bâtimens nationaux affectés au logement des généraux commandant les divisions militaires, officiers supérieurs commandant, commandans d'armes et autres officiers.

N°. 155.

INSTRUCTIONS

DÉCADAIRES

Sur l'enregistrement, les droits y réunis, et les domaines nationaux,

RÉDIGÉES par une Société d'Employés de l'Administration de l'Enregistrement et du domaine national.

Le seul Bureau d'abonnement est à Paris, rue Projettée-Choiseul, n°. 1. Prix, 18 fr. pour un an, 10 francs pour six mois à et 6 fr. pour trois mois, franc de port par la poste. C'est ce Bureau, et COLLECTIVEMENT aux Rédacteurs des Instructions Décadaires, que toutes les lettres doivent être adressées franches de port.

Du 11 Ventôse an 11 de la République.

ART. 1375.

ENREGISTREMENT.

DÉCLARATION DE SUCCESSION. PRESCRIPTION.

De quel jour doit courir la prescription des droits de succession des étrangers possessionnés en France?

Un particulier demeurant en pays étranger est possessionné en France. Il décède, ses héritiers demeurent aussi en pays étranger , ses biens situés en France sont régis par un agent. La déclaration de succession n'est point passée, il n'a été fait aucun acte authentique de prise de possession, ni aucun changement sur les rôles de la contribution foncière qui ne contient que le nom de famille sans prénoms. Acte de partage passé en pays étranger le 15 mai 1801, enregistré en France le 8 prairial an 9, duquel il résulte que le décès a eu lieu le 3 mars 1796 (11 ventôse an 4.)

L'on demande si la prescription doit commencer à courir du jour du décès, ou seulement de celui où l'on a pu en avoir une connaissance légale quelconque en France.

Cette question se décide par la loi même de l'enregistrement. L'art. 61 veut qu'il y ait prescription après cinq années, *à compter du jour du décès*, pour les successions non déclarées. Il ne fait aucune distinction entre les successions des Français ou des étrangers, il n'est donc pas permis d'en établir à l'égard de ces derniers. L'art. 24, qui fixe les délais pour faire les déclarations, en détermine l'époque *généralement pour tous* les héritiers, donataires ou légataires, et la gradue en raison de ce que le décès est arrivé, soit en Europe, en Amérique, en Afrique ou en Asie, aucune distinction n'est également

faite par cet article; ainsi nul doute que la prescription ne commence à courir du jour du décès.

Cependant il semble que la loi présente un
vuide sur l'objet de la question. Premièrement,
puisqu'il est accordé un délai plus considérable
pour la déclaration des successions des personnes
décédées, par exemple, en Asie, que pour celles
des individus décédés en France, il paraîtrait
sans doute dans l'ordre que le délai de la prescription ne fût pas le même dans les deux cas.
Secondement, il est constant qu'une infinité
d'obstacles s'opposent à ce que les préposés de
l'enregistrement aient, en tems utile, connaissance des mutations par décès, lorsqu'il est arrivé hors le territoire de France, d'où il suit
une perte inévitable pour le trésor public. Il ar-
rive même que les étrangers échappent au paiement des droits encore plus facilement que les
naturels Français. D'après ces motifs, il con-
viendrait peut-être d'établir que la prescription,
pour les successions d'individus décédés hors
le territoire de France, ne commencera à courir
qu'à compter du 1er. vendémiaire de l'année
dans laquelle les noms et prénoms des héritiers
du décédé auront été inscrits sur les rôles de la
contribution foncière.

Art. 1376.

Quel est le droit d'enregistrement d'un acte par lequel deux époux rétablissent entr'eux la communauté de biens interrompue par une séparation obtenue par la femme pendant l'émigration de son mari?

Voici l'espèce. Une femme, pendant l'émigration de son mari, avait obtenu sa séparation de biens avec lui.

Le mari rentre, annulle, de concert avec sa femme, cette séparation, et rétablit la communauté stipulée par le contrat de mariage, en convenant que les acquets faits par la femme, pendant le cours de la séparation, seront censés faits des deniers communs.

On a prétendu que cet acte était une donation faite par la femme à son mari, de moitié de sa portion dans les acquets faits pendant son émigration. Mais c'est une erreur : Pothier s'exprime ainsi dans son traité de la communauté. » Le rétablissement de la communauté détruit » tellement la séparation, qu'elle remet les époux » au même état que s'il n'y en avait jamais eu, » de telle manière que la communauté est cen- » sée avoir toujours duré, et n'avoir pas été » discontinuée. C'est pourquoi toutes les choses,

» que chacun des conjoints a acquises depuis la
» séparation , entrent dans la communauté,
» comme elles y seraient entrées , s'il n'y avait
» jamais eu de séparation , et les dettes que
» chacun des conjoints a contractées , depuis la
» séparation , y tombent pareillement.

Puisque tel est l'effet du retour à communauté, on ne peut considérer comme donation la
clause de ce retour , et il y a d'autant moins de
libéralité de la part de l'un ou de l'autre des
contractans , que les dettes faites pendant la
suspension de la communauté deviennent communes.

Ainsi l'acte dont il s'agit n'est passible que du
droit fixe d'un franc.

(Délibération du 22 pluviôse an 11.)

ART. 1377.

Lorsqu'une adjudication d'un immeuble, par
publication devant notaire , contient la
clause qu'il en sera passé acte authenti-
que dans la huitaine, doit on percevoir
le droit proportionnel de mutation sur le
procès-verbal d'adjudication , ou seule-
ment le droit fixe?

En traitant cette question, art. 967, nous
avons dit que lorsque dans le cahier des char-

ges, il était stipulé qu'indépendamment de l'adjudication, il serait passé contrat de vente, il fallait distinguer les termes de la stipulation, attendu que si la transmission devait dépendre du contrat de vente, le droit proportionnel ne serait exigible que sur cet acte.

Cette question s'étant représentée dans une espèce où le notaire avait stipulé, dans le cahier des charges et le procès-verbal d'adjudication, qu'il serait passé un acte de vente séparé, l'administration a considéré que, quelles que fussent les clauses du cahier des charges, dès que l'adjudication était définitive, et n'était point subordonnée à la formalité d'un acte, la mutation s'opérait du moment de l'adjudication.

En effet, si l'adjudicataire ne doit entrer en possession qu'après l'acte de vente, il n'en est pas moins investi de la propriété, dès l'instant de l'adjudication, qui est un acte parfait par la signature du notaire, des témoins et des parties. Cela est si vrai que si, par cas fortuit, l'objet venait à périr dans l'intervalle de l'adjudication à l'acte de vente, l'adjudicataire n'en serait pas moins tenu d'en payer le prix.

Ce procès-verbal est en second lieu un titre suffisant pour purger les hypothèques par la transcription.

Il contient toutes les conditions qui consacrent

la vente, la chose, le prix et le consentement:
il opère donc transmission, et dès-lors est passible du droit proportionnel.

(Délibération du 1er. pluviôse an 11.)

A R T. 1378.

DÉCLARATIONS DE SUCCESSIONS.

*Lorsque dans une succession il se trouve des biens
gréves d'une rente foncière, l'héritier peut-il porter, en déduction de la valeur de ces biens, le
montaut du capital de ladite rente?*

La négative vient d'être consacrée par un jugement
du tribunal de cassation du 13 nivôse an 11.

Joseph Bacon avait recueilli la succession d'autre
Joseph Bacon, son oncle, décédé le 19 novembre 1790;
il n'avait pas encore fait, en l'an 3, la déclaration des
biens dépendant de cette succession.

Le 9 brumaire suivant, le receveur de l'enregistrement à Saint-Silvin décerna contre lui une contrainte
en paiement d'une somme de 600 fr., pour droit simple
et demi-droit en sus de la déclaration à faire de la
succession de Joseph Bacon.

Le 27 floréal suivant, il fut procédé, en exécution
de cette contrainte, à une saisie mobiliaire.

Le 30 thermidor de la même année, le redevable fit
signifier au receveur, par le ministère d'un huissier,
un exploit dans lequel il annonça que, depuis l'ouverture de la succession de Joseph Bacon, son oncle, il
s'était présenté plusieurs fois au bureau du receveur
pour y passer la déclaration des biens dont il avait

4

hérité, et qu'il avait offert d'en payer les droits à raison d'un franc pour cent du produit, déduction faite de l'usufruit dont ils étaient grevés; il y observa que, d'après les rôles des contributions, le revenu des biens qui lui étaient échus se portait à la somme de cent quarante-trois francs quinze centimes, mais il soutint qu'il y avait lieu à déduire le montant du revenu d'une rente foncière provenant de la fieffe des fonds qui lui étaient échus, et qu'au moyen de cette réduction, le revenu net ne se portait qu'à la somme de 78 fr. 15 c.

En partant de ce calcul, il fixait le capital de la propriété qui lui était échue à la somme de 1,560 francs, il prétendait, en conséquence, que le droit et le double droit ne se portaient qu'à la somme de 31 fr. 20 cent. qu'il offrait de payer.

Cette offre n'ayant pas été acceptée, il s'est engagé une instance, entre l'administration de l'enregistrement et le redevable, d'abord devant le tribunal civil du Calvados, et ensuite, par l'effet de la suppression des tribunaux de département, devant le tribunal de l'arrondissement de Falaise.

Par jugement du 7 ventôse an 9, ce tribunal a déclaré valable et légale la déclaration contenue en la signification du 30 thermidor an 3, et les offres du défendeur suffisantes, et l'a condamné à les effectuer dans le délai d'une décade.

Ce tribunal, en décidant que sur la valeur de la propriété transmise à l'héritier, il serait fait déduction du capital d'une rente hypothéquée sur les biens qu'il avait recueilli, était bien certainement contrevenu à l'art. 5 de la loi du 19 décembre 1790.

En conséquence, la cassation en ayant été demandée, le tribunal de cassation a prononcé le jugement suivant:

Vu l'article 5 de la loi du 19 décembre 1790, qui est ainsi conçu :

» A l'égard des actes portant transmission de pro-
» priété ou d'usufruit à titre gratuit, le droit d'enre-
» gistrement sera réglé, pour les immeubles réels, d'a-
» près la déclaration que les parties seront tenues de
» faire, de ce que ces immeubles paient de contribution
» foncière, et dans le rapport du principal au denier 25
» du revenu desdits biens.

Vu l'art. 8 de la quatrième section de la première classe du tarif annexé à ladite loi, portant :

» Sont assujetties au droit de vingt sous par cent, les
» déclarations que sont tenus, etc., etc.

Considérant qu'il résulte bien positivement de l'art. 5 de ladite loi, que la contribution foncière sert de base à la perception du droit d'enregistrement des actes portant transmission de propriété à titre gratuit.

Qu'il est incontestable qu'un contribuable ne serait pas reçu à demander le dégrèvement de la contribution foncière, s'il se prévalait uniquement des charges qui pourraient être inhérentes aux immeubles imposés.

Qu'il doit en être, à bien plus forte raison, de même à l'égard du droit d'enregistrement qui, une fois établi d'après les bases créées par la loi, ne peut plus recevoir aucune altération ni aucune modification.

Que le tribunal, dont le jugement est attaqué, a néanmoins décidé qu'il y avait lieu à déduire de la valeur des biens dont il s'agit, le capital de la rente fieffale à laquelle lesdits biens sont affectés.

Qu'en ordonnant de faire cette déduction, ce tribunal a méconnu les bases prescrites par la loi, et créé par conséquent un genre de déduction purement arbitraire.

Que l'article 8 de la quatrième section de la première classe du tarif est sans application à la cause.

Que cet article n'est en effet applicable qu'aux personnes qui ont acquis sur des immeubles un simple usufruit, tandis qu'il s'agit, dans la cause, d'une propriété acquise par voie de succession en ligne collatérale.

Qu'il résulte même d'ailleurs, de cet article, que dans le cas d'un simple usufruit échu par succession, les droits sont dus d'après la déclaration sur l'entière valeur des biens, sans qu'il y ait lieu à faire aucune déduction à raison des charges qui peuvent exister.

Que le tribunal, dont le jugement est attaqué, a par conséquent fait une fausse application dudit article 8, et manifestement violé l'article 5 de la loi du 19 décembre 1790.

Le tribunal casse le jugement rendu par le tribunal civil de l'arrondissement de Falaise, le 27 ventôse an 9, etc.

Art. 1379.

INSCRIPTION AUX HYPOTHÈQUES.

Comment la désignation des biens grevés doit y être faite?

L'on a demandé, 1°. si lorsqu'un acte de mutation est transcrit dans un bureau d'hypothèque, le conservateur doit, dans l'inscription qu'il est tenu de faire d'office pour restant à payer du prix de vente ou prestation qui en tiennent lieu, détailler tous les biens repris dans l'acte

de vente, pour indiquer sur quoi frappe l'hypothèque, ou s'il peut se contenter de faire l'é-
nonciation qui suit : ,, Sur les biens situés telle
,, commune, désignés dans tel acte transcrit ce-
,, jourd'hui en ce bureau.

2°. Et si, lorsqu'on requiert une inscription
hypothécaire, l'on est tenu d'indiquer dans les
bordereaux toutes les pièces de terre par tenans
et aboutissans, ou si l'on peut dire simplement
,, sur les biens détaillés dans l'acte passé devant
,, tel notaire un tel jour, et situés territoire de
,, telle commune.

La même solution doit s'appliquer à ces deux
questions. Comme, pour les inscriptions d'office,
la loi s'est bornée à ordonner qu'elle serait faite
par le conservateur, sans en préciser la forme,
elle s'en est nécessairement rapportée à celle
qu'elle avait précédemment prescrite pour toute
stipulation d'hypothèque volontaire. Ainsi,
l'inscription d'office doit, comme celles posté-
rieures à la loi du 11 brumaire an 7, indiquer
la nature et la situation des biens grévés.
Cette indication étant formellement ordonnée
par la loi, l'on ne peut aucunement s'en écarter.
Il n'est donc pas permis dans les inscriptions
d'office, ni dans les bordereaux des inscriptions,
de s'en référer pour l'indication des biens, ni
à l'acte transcrit, ni à l'acte obligatoire portant

stippulation volontaire d'hypothèque. Il n'en faut
pas néanmoins conclure que l'on soit obligé de
rapporter les *tenans et aboutissans* de chaque
pièce, il suffit d'une simple indication de leur
nature et situation.

ART. 1380.

TIMBRE.

*Les registres des rapports de navigation
tenus par les préposés des douanes, sont-
ils sujets au timbre ?*

Non. Le Ministre des finances a décidé, le
26 pluviôse an 11, que les registres sont compris dans l'exception établie par la loi du 13
brumaire an 7, et ne doivent pas être soumis à
la formalité du timbre.

ART. 1381.

DOMAINES NATIONAUX.

PRESBYTÈRES.

*Mode d'en disposer pour l'intérêt de la
République.*

Nous avons inséré, n°. 1287, une décision

du Ministre portant que les presbytères vendus, mais dont les acquéreurs étaient tombés en déchéance, devaient rentrer définitivement sous la main de la nation. Le Ministre a, depuis, statué que ceux de ces édifices dont il ne serait pas disposé pour les curés, pouvaient être loués au profit de la République

Sa décision du 18 pluviôse an 11 est ainsi conçue :

»Les Administrateurs de l'enregistrement et des domaines nationaux sont autorisés à mettre en adjudication aux enchères, le bail des églises ou presbytères qui ne seront pas employés dans la circonscription des paroisses ; mais les baux des édifices, dont il s'agit, ne pourront être consentis pour plus d'une année, et il y sera inséré la clause d'éviction, si, dans le courant de cette année, il était jugé nécessaire de rendre au culte l'édifice loué, et ce, sans que l'adjudicataire puisse, pour raison de la privation de jouissance qu'il éprouverait, être admis à aucune indemnité, autre que la décharge du prix de location pour les termes qui resteraient à échoir». Signé GAUDIN.

A r t. 1382.

Lorsque la République, aux droits d'un émi-
gré, est dans le cas de réclamer les intérêts
d'une somme dont il a été fait donation
entre-vifs, à cause de noces, à celui qu'elle
représente, et payable seulement après le
décès du donateur, sans intérêts jusqu'a-
lors, les intérêts sont-ils exigibles du jour
du décès, ou seulement du jour de la de-
mande ?

Cette question présente un point de droit à
juger ; pour la résoudre, il faut donc consulter
les auteurs qui ont éclairé l'ancienne jurisprudence, et les principes adoptés par les cours.

Suivant Domat (partie première, liv. prem.,
tit. 9, section 2, et liv. 3, tit. 5, sect. première),
les deniers dotaux produisent intérêts de plein
droit. Le motif en est que le mari devant supporter les charges du mariage, il est naturel et
juste que la donation faite à la femme, même
par étrangers, porte intérêts au profit du mari;
or selon la règle, *ubi ratio est eadem, idem jus*
esse debet, la donation faite au mari doit jouir
des mêmes avantages, si elle a le même but et
la même cause. Aussi la disposition du droit
favorise-t-elle également les donations entre-

vifs, soit qu'elles soient faites à la femme ou
au mari.

C'est dans ces principes qu'un arrêt du parlement de Dijon, du 21 mars 1679, jugea
qu'une somme promise ou donnée dans un
contrat de mariage au futur époux, quoique
par un étranger, portait intérêt sans demande
ni sommation.

Mais, opposera-t-on qu'il en est de la donation entre-vifs comme des legs, et de toutes
dispositions de pure libéralité qui ne produi-
saient pas d'intérêts sans stipulation, ou sans
une condamnation en justice; il n'existe d'exception qu'en faveur de la dot.

On répond à cela, d'après Furgole, que le
mariage n'étant pas moins la cause de la donation entre-vifs faite par le contrat de mariage,
que de la dot, il faut appliquer dans cette espèce toutes les décisions des lois qui ont été
faites pour la dot.

D'ailleurs la question a été jugée par arrêt
du parlement de Paris, du 15 avril 1748, dans
un cas où il s'agissait d'un legs.

Dans un testament, un legs se trouvait ainsi
exprimé.

,, Je donne et lègue aux pauvres de la paroisse
,, de................·., la somme de 4,000 fr., pour

» en faire un fonds au profit des pauvres, la-
» quelle somme de 4,000 fr. sera payée dans
» un an, à compter du jour de mon décès,
» sans intérêts jusqu'à ce.

Il fut jugé, conformément aux conclusions de
M. Joly de Fleury, avocat-général, que les intérêts avaient commencé à courir après l'année
révolue du décès du testateur.

Il paraît donc constant que dans l'espèce, les
intérêts sont exigibles du jour du décès du donateur.

Notice des Instructions générales.

Instruction générale du 2 ventôse an 11, n°. 120,
relative à la remise des amendes prononcées pour délits forestiers, antérieurement au premier vendémiaire
an 8.

Autre du 7 du même mois, n°. 121, concernant la
comptabilité des amendes de police municipale et de
police correctionnelle attribuées, en partie, aux communes.

ERRATA

Du N°. 153, Art. 1367, page 144, 2e. ligne du 2e.
alinéa, 3e. mot, *indivisible*, lisez *divisible*.

INSTRUCTIONS

DÉCADAIRES

Sur l'enregistrement, les droits y réunis, et les domaines nationaux,

RÉDIGÉES par une Société d'Employés de l'Administration de l'Enregistrement et du domaine national.

N°. 156.

ART. 1383.

ENREGISTREMENT.

DÉCLARATION DE SUCCESSION.

Lorsqu'une veuve, par ses reprises, absorbe tous les biens de la communauté, les héritiers du mari doivent-ils passer déclaration de la moitié desdits biens ?

Il faut éclaircir la question par un exemple.

Par acte devant notaire, l'on a établi que les biens qui composaient la communauté qui a existé entre lui et la veuve, consistaient en immeubles de valeur de 50,000 fr. et en objets mobiliers, et créances de 20,000 fr. Les dettes passives de ladite communauté montaient à 36,000 fr. La portion de la dot de la femme, stipulée propre suivant son contrat de mariage, était de 16,000 fr.; les sommes à elle échues par succession, d'après partages en forme, ou provenant de l'aliénation de ses propres, aussi par actes publics, s'élevaient à 100,000 francs; en conséquence, les héritiers de C..... délaissent à la veuve, à titre de partage, tout l'actif de la communauté, à la charge par elle d'acquitter les dettes passives, pour la remplir, ce prélèvement fait, jusqu'à due concurrence du montant de ses reprises, avec renonciation par ladite veuve, à toute répétition contre les héritiers de son mari pour le restant de ses reprises. L'on observe qu'il ne dépend aucuns biens propres de la succession du mari.

D'après cet exposé, il est facile de reconnaître que c'est pour faire honneur à la mémoire du défunt, que la veuve n'a point renoncé à la communauté, et les héritiers à la succession de leur parent.

Mais ces héritiers sont-ils tenus de passer dé-

claration de la moitié des biens qui composaient
la communauté au moment du décès?

Ceux qui le prétendent ainsi, se fondent sur
la règle de droit, *le mort saisit le vif*, et ils
soutiennent qu'à défaut de renonciation de la
part des héritiers, ils ont été réellement saisis
de la propriété de la moitié des biens de la
communauté, qu'il y a eu transmission en eur
personne, et qu'ils doivent par conséquent en
passer déclaration.

Mais la règle de droit invoquée ne peut ici recevoir d'application; en effet, il est de principe,
1°. que le partage produit un effet *rétroactif*
et déclaratif de propriété, en sorte que chaque
co-héritier n'est présumé avoir été, ni avoir eu
droit que dans les choses qui sont tombées dans
son lot, 2°. Que la veuve qui a accepté la communauté, a droit de prélever, sur les effets qui
en dépendent, à son choix, ses deniers dotaux
stipulés propres, et le remploi de ses propres
aliénés, que ce prélèvement se prend par délibération ou par distraction sur la masse des biens
de la communauté avant qu'elle soit partagée.
Delà il résulte que la veuve prenant dans l'espèce, à titre de délibation, tout l'actif de la
communauté, et l'acte de liquidation qui fixe et
détermine ses droits à cet égard ayant un effet
rétroactif au moment du décès, les héritiers du

mari sont réputés n'avoir point été saisis, ils ne recueillent aucun bien, ils ne peuvent être tenus à passer déclaration de la moitié de ceux de la communauté auxquels ils n'ont, et n'ont même jamais eu aucun droit acquis, ils doivent seulement fournir une déclaration négative.

ART. 1384.

DÉCLARATION DE COMMAND.

Une déclaration de command passée et notifiée dans les 24 heures de la date du contrat primitif, mais dans laquelle les mêmes clauses et conditions de la vente ne se trouvent pas stipulées, est-elle passible du droit fixe d'un franc ou du droit proportionnel de 4 p. 100 ?

Voici l'espèce. Par acte notarié du 25 prairial an 10, enregistré au bureau de Vannes le 2 messidor suivant, Jean et Pierre, père et fils, ont vendu au citoyen Clément, *pour lui et associés*, tous leurs héritages, propriétés, etc. moyennant, ci............ 98,000 fr.

Jean s'est réservé la jouissance, pendant sa vie, d'une maison, qui est entrée pour 10,000 fr. dans le prix de la

vente , ce qui ajoute au prix
principal , ci..............   5,000

Total du prix de la Vente...   103,000 f

Mode de paiement.

Les vendeurs déclarent avoir
reçu, avant la passation de l'acte,
ci........................   11,398 f. 30 c.

Ils déléguent à cinq créan-
ciers différens, ci..........   41,360   09

Somme reçue comptant, ci..   23,031   94

Total des paiemens et délé-
gations, ci................   75,790   33

Reste à payer, ci..........   22,209   67

Jouissance réservée, ci....   5,000

Egalité , ci...   103,000 f.   00

Clause particulière au contrat.

Il a été stipulé que la somme de 22,209 f. 67 c.
restant à payer , demeurerait entre les mains de
l'acquéreur , moyennant laquelle il a constitué
à Jean une rente viagère de 2400 fr. , reversible
jusqu'à concurrence de 600 f. , sur la tête de
Marie , sa cousine , en cas qu'elle lui survécut.

Par acte du lendemain , le citoyen Clément ,

3

acquéreur, a déclaré que les citoyens Blaise et
Jacques sont ses associés dans l'acquisition qu'il
a faite des citoyens Jean et Pierre, et il a fait ensuite la désignation des immeubles qui leur étaient
délaissés pour une somme de, ci 45,000 fr.

Mode de paiement de cette somme.

Le cit. Clément laisse entre
les mains des cit. Blaise et Jacques une somme de, ci. . . . . . . 24,000 f.
pour laquelle il lui est consti-
tué une rente de 1200 fr. sans
retenue.

Les 21,000 f. restant sont
stipulés payables au 7 messidor
suivant, ci. 21,000

Egalité. . . . . 45,000 f.

L'on a prétendu que le second acte ne contenait qu'une simple déclaration de command,
qui n'était passible que du droit fixe d'un franc,
réglé par le nombre 24 du par. 1.er de l'art. 68
de la loi du 22 frimaire an 7.

On a observé à cet égard que la déclaration avait été faite dans les 24 heures, délai de
rigueur prescrits par la loi, que la division d'une
même propriété entre plusieurs acquéreurs,

suivant le mode qui a été suivi, est autorisée par la loi et par l'usage, et qu'en conséquence l'acte dont il s'agit ne doit être considéré que comme une suite nécessaire et le complément du premier acte de vente.

Cette opinion est erronée.

La déclaration de command est l'acte par lequel celui qui a fait une acquisition pour un autre, fait connaître cette personne, et la met à son lieu et place, au moyen de quoi celle-ci se soumet pour la totalité ou pour la portion qui la concerne, aux clauses et conditions imposées par le vendeur, soit pour le paiement à faire du prix, soit pour l'acquit des autres obligations, en un mot, cet acte doit être fait sous les mêmes conditions que celles du contrat, et il cesse de pouvoir être considéré comme déclaration de command, toutes les fois qu'il y a novation dans les clauses, et que celles stipulées dans le contrat ne le sont pas dans la déclaration de command; telle était la jurisprudence ancienne, à laquelle les nouvelles lois n'ont apporté aucun changement, si ce n'est celui du délai dans lequel ces actes doivent être faits et notifiés.

Les principes étant reconnus, il ne s'agit plus que de s'assurer si, dans l'hypothèse, les stipulations de l'acte de nomination de command sont absolument les mêmes que celles du contrat d'acquet.

La négative est facile à établir. En effet, les commands ne contractent ici aucune obligation, ni directement envers les citoyens Jean et Pierre, premiers vendeurs, ni à l'égard de leurs créanciers délégués, ils se bornent à recevoir du cit. Clément partie des biens qu'il a acquis, jusqu'à concurrence d'une somme de 45,000 f. qu'ils lui remboursent directement.

1°. Par une constitution de rente de 1200 f., au capital de, ci............... 24,000 f.

2°. Au moyen de l'obligation qu'ils contractent de payer 21,000 f. au 7 messidor suivant.

Aucune de ces clauses ne se trouve insérée dans le contrat primitif, il y a donc novation évidente, puisque le citoyen Clément demeure seul chargé de l'exécution et du complément des conditions de son contrat envers son vendeur. En effet, les prétendus associés n'entrent pour rien ni dans le paiement des sommes déléguées, ni dans le service de la rente viagère de 2400 f. due aux premiers vendeurs, que ceux-ci ne reconnaissent pour garant du contrat de vente que le citoyen Clément.

D'après cet exposé, il est bien évident que l'acte de command, dont il s'agit, ne peut être considéré que comme une revente passible du droit proportionnel de 4 p. 100.

(Délibération du conseil d'Administration du 22 pluviôse an 11.)

Cette délibération confirme les principes que nous avons établis dans n   Diction-naire de l'enregistrement, *au mot* Déclaration de command, *page* 161.

A R T. 1385.

DROITS DE MESSAGERIES

POUR LES VOITURES PARTANT A JOUR ET HEURE FIXES.

La déduction du droit de passe sur les droits de messageries, doit-elle être faite avant ou après celle du quart pour in-demnité des places vuides?

Le droit de messagerie est du 10e. du pro-duit brut du prix des places perçu par l'entre-preneur, déduction faite du quart accordé par la loi. Lorsque l'entrepreneur a compris dans sa déclaration l'augmentation qu'il a fait supporter aux voyageurs sur le prix des places en remplace-cement des droits des barrières dont il est char-gé, aux termes de la décision du Ministre des finances du 17 fructidor an 6, rapportée par la circulaire de l'Administration du 13 vendémiaire an 7, n°. 1380, le montant de ces droits doit être déduit sur le produit des places déclarées. C'est donc sur le montant des places après la déduction du quart que celle des droits de barrière doit être faite, l'entrepreneur n'étant censé recevoir, aux yeux de la loi, que le prix des trois-quarts des places que contiennent ses voitures.

Exemple de liquidation.

On suppose une voiture à 8 places, partant tous les jours à heure fixe, à raison de 50 fr. la place, compris l'indemnité pour les barrières. Les droits devant être acquittés toutes les décades, cette voiture donne pour dix jours un produit de............ 4,000 f.

A déduire le quart pour les places supposées vuides............... 1,000

Il reste........ 3,000 f.

On évalue les droits de barrières, pour la même voiture, à 25 fr. par jour, ce qui donne pour dix jours, 250

Il reste......... 2,750

Droit de messagerie dû à raison du 10e., ci..................... 275 f.

Si l'on opérait autrement, le droit du 10e. sur 3,000 f. donnerait 300 f.

ART. 1386.

DOMAINES NATIONAUX.

— CONTRIBUTION FONCIÈRE. — COMPTABILITÉ.

Une manufacture de poudre à tirer, appartenante à la République, doit-elle être assujettie à la contribution foncière; et dans ce cas, les receveurs des domaines peuvent-ils être tenus d'acquitter les cottes de cette contribution ?

Les manufactures de poudre sont, de leur nature, des établissemens d'utilité générale, et quoiqu'une partie de leurs produits se verse dans le commerce, leur objet principal est la défense de l'état ; on doit donc penser que, conformément à l'article 165, titre 7 de la loi du 3 frimaire an 7, elles ne doivent être portées aux rôles de la contribution foncière que pour mémoire.

Mais quand on croirait devoir assujettir ces manufactures à la contribution foncière, à raison des produits qui entrent dans le commerce, les receveurs des domaines ne peuvent être chargés d'acquitter les cotes auxquelles elles seraient imposées, parce qu'ils ne connaissent pas les produits de ces établissemens, et ne pourraient se pourvoir contre les sur-taxes, s'il y avait lieu; les manufactures de poud e sont étrangères à l'Administration des domaines, quoique les terreins et bâtimens en dépendans forment partie du domaine de l'état, elles sont régies par une administration spéciale, sous la surveillance du Ministre de la guerre; si donc les poudreries étaient imposables à la contribution foncière, ce serait à l'Administration des poudres et salpêtres à faire acquitter cette contribution sur ses produits, ou à discuter la légitimité de l'imposition.

Art. 1387.

Attributions aux Hospices.

L'instruction générale, n°. 118, relative aux baux à complant, prévient, quant aux biens dont la jouissance est seulement concédée, moyennant une rente avec rétention de la propriété dans la main du bailleur, l'interprétation erronée qui pourrait être donnée à la loi du 4 ventôse an 9, et à l'arrêté des Consuls du 7 messidor suivant.

Elle porte : „ L'abandon aux hospices n'embrasse que les rentes, soit foncières, soit constituées.

On a induit de ces termes, que les attributions des hospices ne pouvaient s'étendre sur les droits corporels.

Cela est juste, quant aux biens provenant de l'ancien domaine, l'arrêté du 7 messidor ne parlant que des biens ecclésiastiques. Il est encore certain que pour les rentes provenant de ces établissemens supprimés, si par la nature des actes, la République reste propriétaire des biens concédés, les rentes qui forment le prix de 'a concession lui sont définitivement acquises; mais il n'en serait pas de même, si des biens fonds avaient été abandonnés, à condition d'acquitter des fondations, et s'ils avaient été découverts par les commissions des hospices avant d'avoir été inscrits sur les sommiers des receveurs, et leur séquestre effectué.

L'arrêté du gouvernement, du 27 frimaire an 11, interprétatif de la loi du 4 ventôse et de l'arrêté du 7 messidor, a fait naître une autre question. Il veut, art. 2, que les rentes nationales ne puissent être abandonnées aux hospices, même lorsqu'elles ne seraient point reconnues, et acquittées au domaine, s'il ne s'est point écoulé 6 ans depuis la main-mise nationale. Ce délai doit-il courir du jour de la promulgation des lois qui ont prononcé le séquestre des corporations ecclésiastiques, ou du jour, ou après les inventaires préalables des commissaires

délégués par les administrations centrales, le séquestre a été établi sur leurs biens ?

Cette question ne nous paraît pas pouvoir
présenter des doutes. La main-mise nationale
n'est que l'effet du séquestre qui n'est pas effectué à l'instant qu'il est ordonné. Il est la suite
nécessaire des lois qui l'ordonnent, mais jusqu'à
leur exécution il n'existe point. Ce n'est donc
que du jour du séquestre que peut courir le délai, autrement le gouvernement aurait fixé le
délai à partir du jour de la promulgation des
lois qui ont supprimé les établissemens dont
proviennent les rentes.

Cette dernière question ne peut, au surplus,
s'élever que dans les départemens nouvellement
réunis à la République.

A r t. 1388.

INSTANCES.

L'Administration peut-elle être obligée de constituer
un avoué dans les instances pour le recouvrement
des domaines nationaux ?

Cette question vient d'être jugée de nouveau, et
négativement, par le tribunal de cassation.

Il s'agissait du recouvrement des loyers d'un moulin
national. L'instance, successivement portée au tribunal
de première instance d'Amiens, et à celui d'appel séant

en la même ville, le redevable avait, sur l'appel, excipé du moyen de nullité résultant de ce que l'Administration n'avait pas constitué avoué, ainsi qu'elle y était obligée par l'art. 94 de la loi du 27 ventôse an 8, et le tribunal d'Amiens avait accueilli ce moyen.

L'Administration s'étant pourvue au tribunal de cassation, il y est intervenu, le 20 nivôse an 11, jugement conforme à ses conclusions.

Il importe d'en rapporter les motifs.

Vu l'art. 94 de la loi du 27 ventôse an 8, portant : » Les avoués auront exclusivement le droit de postuler » et de prendre des conclusions dans le tribunal près » duquel ils sont établis, etc.

Vu aussi l'article 17 de la loi du 27 ventôse an 9, ainsi conçu : » L'instruction des instances que la régie » aura à suivre pour toutes les perceptions qui lui sont » confiées, se fera par simples mémoires respectivement » signifiés, sans plaidoyers ; les parties ne seront point » obligées d'employer le ministère des avoués.

Et attendu que l'art. 17 de cette dernière loi, postérieure à celle du 27 ventôse an 8, en dispensant la régie d'employer le ministère des avoués dans les procès qu'elle aura à soutenir pour toutes les perceptions qui lui sont confiées, embrasse indistinctement dans sa disposition, et les affaires concernant la perception des revenus nationaux, et celles relatives aux droits d'enregistrement.

Et qu'au reste cet article 17 formerait, au besoin, une exception pour toutes les affaires de la régie, à la disposition générale de l'art. 94 de la loi du 27 ventôse an 8, qui a rendu aux avoués leur droit exclusif de postuler et de prendre des conclusions.

D'où il suit que le jugement attaqué, en imposant, d'après cet article 94, à la régie l'obligation de constituer avoué, dans l'espèce, parce qu'il s'agissait, non d'une affaire d'enregistrement, mais de perception de revenus nationaux, a fait une distinction que ne comportait pas la généralité de la disposition de l'art. 17 de la loi du 27 ventôse an 9, en quoi il a fait une fausse application de l'art. 94 de la loi du 27 ventôse an 8, et violé l'art. 17 de celle du 27 ventôse an 9.

Par ces motifs, le tribunal casse et annulle le jugement rendu le 21 frimaire an 10.

Notice des Instructions générales.

Lettre du 6 ventôse an 11. — Les ventes de chevaux réformés ne concernent plus les Receveurs de l'Administration.

Instruction du 13 dudit, n°. 123, concernant les bordereaux d'inscription de créances nationales, les déclarations de changement de domicile, et les procurations produites au conservateur pour formalités hypothécaires.

Autre du 13 dudit, n°. 124. — Le premier acte de recours au tribunal de cassation, quelqu'en soit l'objet, excepté en matière criminelle, doit être enregistré moyennant le droit de 15 fr.

Autre du 13 dudit, n°. 125, pour la communication des registres de l'enregistrement et des baux à ferme, partages et adjudications des domaines nationaux, aux Contrôleurs des contributions directes.

Autre du 17 dudit, n°. 126, relative aux domaines nationaux qui ont été affectés aux hospices par les administrations centrales, et à la reprise de possession par les Préposés des domaines, de ceux pour lesquels ces établissemens n'auraient pas satisfait à l'arrêté du gouvernement du 14 nivôse an 11, avant le 1er. germinal de la même année.

INSTRUCTIONS

DÉCADAIRES

Sur l'enregistrement, les droits y réunis, et les domaines nationaux,

RÉDIGÉES par une Société d'Employés de l'Administration de l'Enregistrement et du domaine national.

N°. 157.

ART. 1389.

ENREGISTREMENT.

DÉCLARATION DE SUCCESSION.

Comment agir pour le recouvrement des droits d'une succession, lorsque celui appelé à la recueillir ne fait ni inventaire ni aucun acte public d'hérédité ?

L'héritier qui n'a pas renoncé dans les six mois du décès peut-il être tenu du paie-

ment des droits, lorsque sur l'avertisse-
ment il fait signifier sa renonciation?

Ces deux questions sont d'autant plus impor-
tantes à résoudre, que souvent, par un simple
défaut de forme, on laisse périmer les droits de
succession.

Il est de principe que le mort saisit le vif;
ainsi dès qu'il y a décès, il y a transmission
nécessaire et forcée des biens du mort à un
tiers quelconque, soit au plus proche parent,
soit après sa renonciation à celui qui le suit dans
la ligne appelée par la loi.

Les héritiers sont solidaires pour l'acquit des
droits, et la République a action sur les biens
recueillis, en quelques mains qu'ils se trouvent.
Tel est le vœu des art. 32 et 39.

Ainsi l'Administration a pour la République
deux actions qui doivent garantir le recouvrement des droits, l'action réelle et l'action personnelle, mais l'action réelle doit être précédée
de l'action personnelle, parce qu'aux termes de
l'article 44, un acte de poursuite doit être une
contrainte.

En appliquant ces principes à l'espèce où il n'a
été fait aucun acte d'hérédité par le plus proche
héritier du défunt dans les six mois du décès,
on sait qu'aux termes de l'ordonnance de 1667,

titre 7 ; les héritiers ont trois mois pour faire inventaire , et quarante jours pour délibérer. Mais on ne saurait en conclure que, passé ce délai, il soit nécessairement et irrévocablement héritier, s'il ne s'est point immiscé dans la succession, et s'il n'a réellement fait aucun acte d'hérédité. Dans ce cas, il n'est déchu que du droit de délibérer, mais non pas de celui d'y renoncer. Tel est le sentiment des auteurs que le tribunal suprême vient de consacrer, en statuant, par jugement du 23 frimaire an 11, qu'un héritier qui aurait renoncé après les six mois du décès ; ne pourrait être tenu au paiement des droits de la succession répudiée.

Mais jusqu'à la renonciation., le plus proche parent du défunt est l'héritier présomptif, et sa renonciation ne peut décharger les biens délaissés de l'hypothèque légale , à raison des droits qu'engendre la transmission nécessaire. On peut donc décerner contrainte contre l'héritier présomptif, et d'après ce premier acte, s'il justifie d'une renonciation , exercer l'action mobiliaire ou réelle sur les biens de la succession. Ainsi les six mois expirés , à compter du décès, le préposé de l'Administration doit décerner contrainte en paiement des droits de succession ouverts par le décès, et la faire signifier à l'héritier présomptif ; ce premier acte de poursuite

2

doit être suivi, soit de la saisie exécution du mobilier dépendant de la succession, soit de la saisie-arrêt entre les mains du fermier des immeubles ; la saisie faite, il faut ou provoquer la vente du mobilier, ou assigner le fermier en déclaration des deniers dont il est dépositaire, et faire ordonner, par le tribunal, que les deniers provenant de la vente, ou les fruits saisis seront versés dans la caisse de l'Administration jusqu'à concurrence des droits de la transmission.

Il résulte même des effets de l'action réelle donnée par la loi, qu'à l'instant du décès, le receveur peut, pour la conservation des droits de la République, former inscription sur les biens délaissés. C'est ainsi que l'a décidé le Ministre des finances.

En suivant la marche ci-dessus indiquée, la contrainte n'étant qu'un acte de forme, l'opposition fondée de l'individu actionné ne peut autoriser l'annullation des actes de poursuites ultérieurs exercés sur les biens du décédé, puisqu'ils sont le véritable gage du droit.

A r t. 1390.

ENREGISTREMENT ET TIMBRE.

*On nous a proposé la question de savoir :
si les procès-verbaux des fonctionnaires commis pour constater les délits*
CONTRE LA POLICE DES GRANDES ROUTES,
*doivent être faits sur papier timbré , et
s'ils doivent être enregistrés , en acquittant les droits de la formalité.*

On était d'avis de l'affirmative , parce que
les lois n'exceptent pas explicitement ces actes
du paiement des droits.

Mais les procès-verbaux de cette nature sont
purement administratifs , dans l'intérêt de la
république , il faudrait faire des fonds à l'administration des ponts et chaussées pour cet
objet ; l'avance des droits entraverait la ré-
pression des délits et faciliterait la dégradation des routes ; enfin les procès-verbaux des
gardes forestiers et ruraux sont visés pour timbre sans paiement des droits , et enregistrés en
débet d'après plusieurs décisions du ministre des
finances , pour le timbre ; et le nombre 4 du
paragr. premier de l'article 70 de la loi du 22
frimaire an 7 , pour l'enregistrement.

Les mêmes avantages doivent être étendus aux agens des ponts et chaussées pour les actes dont il s'agit, puisque la conservation et le bon état des routes l'exige; que d'ailleurs, si les droits se recouvrent sur les condamnés, la république ne fait aucun sacrifice; et que s'ils sont insolvables, il n'est ni convenable qu'elle se paie des droits à elle-même, ni juste qu'elle supporte la remise du receveur, qui ne doit être passée que sur des recettes.

ART. 1391.

FRAIS DE JUSTICE.

Lorsque sur un nombre de prévenus de crimes, quelques-uns seulement sont condamnés, et les autres acquittés, les frais de procédure criminelle doivent-ils être supportés en totalité par ceux qui sont condamnés ?

Voici le fait qui a donné lieu à cette question.

Huit particuliers ont été prévenus d'un assassinat. Deux de ces prévenus ont été condamnés à mort, et les six autres acquittés. Les frais de procédure se sont élevés à 8000 fr., et le tribunal criminel n'avait décerné exécutoire que pour 2000 fr., par le motif que les frais de procédure doivent être supportés par chacun des prévenus par portions égales, et deux seulement sur huit ayant été condamnés, les trois-quarts des frais devaient rester à la charge de la république.

La loi du 18 germinal an 7, dispose, article premier, que tout jugement portant condamnation prononcera en même-tems le remboursement des frais au profit de la république, qui en fait l'avance; et elle ajoute, article 2, que s'il y a plusieurs accusés, auteurs ou complices du même délit, les frais seront supportés par eux solidairement.

L'on ne peut sans doute rien répéter sur les personnes acquittées de l'accusation, mais dès qu'il y a un ou plusieurs condamnés, la totalité des frais doit être supportée par eux, et aucune partie n'en doit rester à la charge du trésor public.

En effet, la procédure n'a eu pour objet que de rechercher les coupables c'est le délit seul qui a constitué le trésor public en frais, ce sont les auteurs du délit qui doivent les rembourser, quelque soit leur nombre.

C'est d'après ces principes que le grand-juge, ministre de la justice, a ordonné, par une lettre du 28 pluviose an 11, la rectification de l'état de liquidation des dépens dont il s'agit.

A r t. 1392.

A C T E S   J U D I C I A I R E S.

Jugement d'un tribunal de commerce qui autorise un négociant à prélever sur le produit de la vente, les frais qu'il a fait pour retirer des marchandises d'un vaisseau échoué, de quel droit est-il passible ?

Ce jugement a paru à quelques-uns passible de deux droits, l'un d'obligation, et l'autre de condamnation. Cette perception, fondée sur la disposition du n°. 9 du parag. 2 de la loi du 22 frimaire an 7, qui veut qu'une condamnation rendue sur une demande non établie sur un titre enregistré et susceptible de l'être, engendre le droit dont cet acte aurait été passible, en sus de celui de condamnation, était ainsi justifié. L'obligation que contracte un armateur envers son correspondant pour les frais de décharge, est envers les auteurs un quasi contrat, qui sous le rapport du droit, doit avoir les mêmes effets qu'un contrat en forme.

Ce principe posé par les auteurs peut être exact, mais il reçoit ici une fausse application.

L'ordonnance de la marine veut, article 45, livre 3, qu'en cas d'échouement de navire, l'assuré fasse les frais nécessaires pour retirer les marchandises exposées au naufrage, sauf à s'en faire adjuger le remboursement sur le montant du prix de la vente desdites marchandises ; frais dont il sera cru sur son affirmation. C'est l'ordonnance qui forme dans l'espèce le seul titre du négociant au profit duquel est rendu le jugement. Il résulte donc que ce titre n'est pas susceptible de l'enregistrement, dès-lors le jugement n'est passible que d'un droit, de celui de 5o centimes pour 100, pour la condamnation.

ART. 1393.

MUTATIONS PAR DÉCÈS.

Les héritiers des condamnés révolutionnairement peuvent-ils donner en paiement des droits d'enregistrement de ces successions, les bons de restitution, les bons du tiers et des deux tiers provenant des liquidations faites en vertu de la loi du 24 frimaire an 6 et de l'arrêté du gouvernement du 24 floréal an 8 ?

Les receveurs de l'Administration ne doivent

admettre pour comptant à l'acquit des droits d'enregistrement des successions des condamnés, que les rescriptions que les administrateurs du trésor public feront expédier, d'après les quittances que les héritiers auront données, à valoir sur la liquidation des restitutions qu'ils sont fondés à réclamer.

C'est, au surplus, aux héritiers à faire les démarches convenables pour l'obtention des rescriptions dont ils auront besoin ; mais les préposés de l'Administration doivent, de leur côté, s'empresser de leur procurer les renseignemens nécessaires pour accélérer l'opération, et *pour que le montant des rescriptions se rapporte, autant qu'il sera possible, avec celui des droits à payer.*

(Décision du Ministre des finances du 11 ventôse an 11.)

Art. 1394.

DOMAINES NATIONAUX.

RENTES ABANDONNÉES AUX HOSPICES.

De quelle époque doit courir, pour les départemens réunis, le délai fixé par l'art. 1er. de l'arrêté du 27 frimaire an 11?

Cette question ne nous paraît pas susceptible

de doute. Le délai ne peut courir dans l'espèce
que du jour où les lois ont pu recevoir leur exécution dans les pays réunis. L'ère de la République n'y date que du jour de la promulgation
des lois de réunion, les termes de l'art. 1er. de
l'arrêté du 27 frimaire an 11 ne peuvent donc
s'entendre pour les départemens réunis que de
cette époque.

A R T. 1395.

Recouvrement du prix des ventes de biens provenant des condamnés.

L'article 21 de la loi du 21 prairial an 3, veut
que le recouvrement des prix de ventes des biens
des condamnés soit fait jusqu'à l'entière libération des acquéreurs, non par les héritiers des
condamnés, mais par les Préposés de l'Administration, sauf la restitution en bons au porteur
à ces héritiers.

Plusieurs administrations départementales,
par une fausse application de cet article, ont
autorisé les acquéreurs des biens de condamnés
à payer aux héritiers les sommes dues sur le
montant de leurs acquisitions; on a demandé
si l'Administration de l'enregistrement devait
exercer une action contre les acquéreurs, à raison des sommes par eux versées en conformité

des autorisations des administrations centrales, ou d'après les arrêtés qui avaient seulement prononcé la réintégration.

Cette question ayant été soumise au Ministre des finances, il a décidé, le 6 ventôse an 11.

,, On ne peut se dissimuler que la position ,, malheureuse des héritiers des condamnés qui ,, ont reçu des acquéreurs, et contre lesquels ,, ceux-ci auraient un recours naturel, serait ,, aggravée par cette mesure, sans qu'il en ré- ,, sultât aucun avantage réel pour le trésor public.

,, Dans ces circonstances, je pense qu'il est ,, plus simple, et conséquemment plus conve- ,, nable à l'ordre de la comptabilité, de valider ,, les paiemens qui ont été faits par des acqué- ,, reurs de biens de condamnés de la totalité ou ,, de portion du prix entre les mains des héritiers ,, de ces condamnés postérieurement à l'arrêté ,, de réintégration de ces mêmes héritiers.

,, Il est, en conséquence, prescrit aux Pré- ,, posés de l'Administration de recevoir pour ,, comptant les quittances données par lesdits ,, héritiers, au moyen de quoi la République ,, demeurera quitte de toute restitution pour ,, raison des objets vendus et dont ces héritiers ,, auront touché le prix directement.

Art. 1396.

POURSUITES ET INSTANCES.

Les tribunaux peuvent-ils connaître de la validité d'un paiement autorisé par un acte émané des corps administratifs ?

La négative vient d'être jugée par le tribunal de cassation.

Il s'agissait dans la cause d'un remboursement fait en l'an 2, en conséquence de l'autorisation sur liquidation d'une administration centrale d'une somme de 8000 f. due à la République aux droits d'un prévenu d'émigration, sauf à faire la part aux frères cohéritiers.

Sur la réclamation de ces héritiers contre le débiteur libéré, deux jugemens contraires, l'un en première instance, l'autre sur appel, avaient prononcé sur le fond de la question.

L'Administration s'étant pourvue en cassation, le commissaire du gouvernement a considéré que les juges avaient empiété sur l'autorité administrative, en connaissant de la validité d'un acte administratif. Il a conclu, en conséquence, à ce que la demande en cassation, convertie en demande en réglement de juges, la section des requêtes annullât *de plano* les jugemens, en délaissant les parties à se pourvoir devant le préfet.

Il est intervenu jugement conforme le 20 pluviôse an 11.

ART. 1397.

*Un jugement du tribunal d'appel de Paris avait
maintenu la prestation de rentes foncières mélangées de cens.*

*Le tribunal de cassation vient d'admettre la requête
en pourvoi sur ce jugement. Nous croyons devoir
présenter l'analyse du réquisitoire du commissaire
du gouvernement qui a motivé cette mesure.*

Le jugement du tribunal d'appel a laissé subsister,
quant à la redevance féodale, un acte de concession
mélangé de redevances féodales et non féodales. Il
paraît avoir été dicté par des principes de justice et
d'équité. Il faudrait l'approuver, s'il était d'accord
avec la législation ; mais il y est contrevenu en s'ap-
puyant sur l'art. 2 de la loi du 17 juillet 1793. L'intention bien prononcée de cette loi a été que tout acte
entaché de féodalité ne pourrait avoir son exécution,
même pour les redevances purement foncières et non
féodales, et que le tenancier en serait entièrement af-
franchi. En conséquence, l'art. 6 de cette loi ordonne
le brûlement de tous les titres constitutifs et récognitifs
de la féodalité. Si l'art. 2 de la même loi excepte de ses
dispositions les rentes purement foncières et non féodales, il faut l'entendre des rentes qui auraient été constituées par un bail à rente ordinaire, au profit d'un
bailleur non seigneur féodal, ou même à un bailleur
seigneur féodal, mais sans aucune retenue ni reconnaissance de féodalité. Si la loi avait entendu séparer
les différentes redevances, constituées par le même
acte, supprimer les unes, conserver les autres, elle
n'aurait pas ordonné le brûlement de tous les titres
constitutifs et récognitifs de féodalité.

La preuve que le législateur voulait anéantir sans
distinction tout ce qui était entaché de féodalité, se

trouve dans le décret du 2 octobre 1793. Le comité
de législation sentant la rigueur de la loi du 17 juillet,
voulait adoucir *cette loi de colère* (1) , en faisant,
dans les actes portant concession primitive de fonds ,
à titre d'inféodation et d'accensement, la séparation de
ce qui était purement foncier, d'avec les droits qui,
sous le nom de cens et de casualité , rappelleraient le
régime tyrannique aboli par la loi du 4 août 1789, et
proposait en conséquence de proroger à six mois le
brûlement des titres féodaux mixtes. La convention
nationale , en passant à l'ordre du jour , laissa les choses
comme elles étaient; elle conserva l'abolition absolue
sans distinction de toutes les redevances comprises dans
le titre constitutif ou récognitif de la féodalité ; et
sans accueillir la surséance qu'on lui proposait, elle
ordonna l'exécution de cette loi rigoureuse.

Pareilles tentatives furent faites le 17 ventôse an 2,
mais avec aussi peu de succès. Il était question d'une
rente foncière de trente-sept septiers de bled , constituée sur un héritage assujetti par le même acte à un
droit de cens : le propriétaire de l'héritage offrait le
remboursement de la rente foncière à la nation, comme
étant aux droits du ci-devant seigneur. La régie con-
sulta pour savoir si elle pouvait accepter le remboursement offert.

Par décret du 7 ventôse an 2, la convention, » consi-
» dérant que déja elle a déclaré, par un décret d'ordre
» du jour, du 2 octobre 1793 (v. st.) , qu'elle avait
» entendu par la loi du 17 juillet précédent supprimer,
» sans indemnité, les rentes foncières qui avaient été
» créées, même par concession de fonds, avec mélange
» de cens ou autre signe de seigneurie ou féodalité, dé-
» clare qu'il n'y a pas lieu à délibérer.

_____

(1) Expression du C. Merlin.

La convention a tellement considéré que la suppression sans indemnité, avait lieu sans aucune distinction,
qu'elle a refusé le remboursement offert à la nation ; il
faut donc tenir pour constant que les redevances établies par le contrat d'accensement, ou autre titre constitutif de féodalité, sont toutes supprimées sans distinction ; que le tribunal d'appel de Paris s'est écarté
de la loi, en voulant distinguer dans le titre les redevances féodales et celles non féodales, pour proscrire
seulement les premières et conserver les secondes. C'est
le cas d'admettre le pourvoi contre le jugement prononcé.

Tels sont en courte analyse les principaux moyens
qui ont servi de base au commissaire du gouvernement,
pour faire admettre la requête, et elle l'a été sponta-
nément, sans délibération sérieuse.

Les motifs de ce jugement sont conformes à l'avis
du Conseil d'état dont il a été donné connaissance par
la lettre du conseiller d'état, directeur général de l'Administration de l'enregistrement et des domaines, du
24 ventôse dernier.

_____

Notice des Instructions générales.

Lettre du 19 ventôse an 11, interprétative des art. 20
et 21 du cahier des charges des ventes de coupes de
bois nationaux.

Autre du 20 dudit. Avis à donner aux conservateurs
des forêts de chaque division des déchéances encourues
par les adjudicataires de coupes de bois nationaux.

Autre du 21 dudit. Les administrateurs des postes
ne peuvent se dispenser de faire passer devant notaires
les consentemens de radiation des inscriptions par eux
requises.

Instruction générale du 23 dudit, n°. 127, relative
aux peines et amendes prononcées pour contravention
aux lois concernant l'établissement des octrois muni-
cipaux.

Lettre du 24 dudit. Les rentes mélangées avec des
cens ou autres signes de féodalité ne doivent pas être
réclamées.

Autre du 28 dudit. Envoi à faire, sans retard, des
états des bâtimens nationaux affectés au logement des
généraux commandant les divisions militaires, etc.

Instruction générale du 30 dudit, n°. 128, concernant la comptabilité du timbre pour le trimestre de
nivôse an 11.

INSTRUCTIONS

DECADAIRES

Sur l'Enregistrement, les Droits y réunis, et les Domaines nationaux,

RÉDIGÉES par une Société d'Employés de l'Administration de l'Enregistrement et du Domaine national.

N°. 158.

ART. 1398.

ENREGISTREMENT.

RETRAIT CONVENTIONNEL.

Est-il dû un droit de 4 pour cent sur un retrait conventionnel exercé dans le délai par un tiers cessionnaire de la faculté de réméré réservée par le vendeur ?

La vente à faculté de réméré, est translative

de propriété et parfaite , quoique résoluble sous condition. Lorsqu'en vertu de la clause du réméré , le vendeur exerce lui - même le retrait dans le délai fixé par la vente , l'acte par lequel s'opère ce retour de l'immeuble aliéné dans les mains de l'ancien propriétaire , n'est qu'une simple résolution de la vente , et il n'opère aucune nouvelle mutation.

Mais il n'en est pas de même lorsque , comme dans l'espèce , le retrait est exercé par un tiers en vertu de la cession que le vendeur lui a faite de la faculté de réméré qu'il s'était reservée ; dans ce cas, la remise de l'immeuble consentie en faveur de ce cessionnaire , opère incontestablement le même effet que si le vendeur eut exercé lui-même le retrait conventionnel , et qu'il eut ensuite vendu les biens au tiers qui en est mis en possession.

Ainsi, la transmission de propriété n'est point faite par l'acquereur que le retrait exproprie, il n'en a ni la faculté ni le droit ; mais cette transmission n'en existe pas moins, elle est faite par le vendeur originaire au nom duquel le retrait est exercé , elle résulte réellement et effectivement de la cession que ce dernier a consentie de la faculté de réméré qu'il s'étoit reservée , et le prix de cette cession se confondant avec celui de la vente que le retrayant est tenu de rembourser, ils forment ensemble le prix de la chose dont il y a mutation réelle en faveur du cessionnaire, qui, avant l'acquisition qu'il a faite de la faculté de réméré n'avait aucun droit à l'immeuble, dont il devient propriétaire en vertu de cette cession.

On doit, en conséquence, percevoir le droit de 4 pour cent.

(Délibération du 20 ventose an 11).

ART. 1399.

DÉCLARATION DE SUCCESSION.

Des héritiers qui recueillent dans une succession, la faculté que leur auteur s'est réservé d'exercer le réméré d'une propriété immobilière par lui vendue, doivent ils fournir leur declaration, et acquitter des droits pour raison de cette faculté ?

Dans le cas de la négative, les héritiers devront-ils, s'ils se décident à exercer la faculté de réméré, acquitter le droit d'enregistrement sur l'acte de réméré, a raison de 4 pour 100, comme pour une mutation immobiliaire, ou seulement à raison de 50 par 100 l, comme pour une libération et une quittance de rachat, ainsi que l'eût payé leur auteur ; indépendamment du

2

droit quelconque qu'ils auront payé sur cet acte de réméré, devront ils fournir, dans les six mois, la déclaration de l'immeuble qu'ils auront retrait en vertu de la faculté de réméré qui leur a été transmise, et acquitter à ce sujet les droits établis pour les mutations immobiliaires ?

1°. La faculté d'exercer un réméré est absolument éventuelle, et les immeubles qu'elle a pour objet, n'appartiennent pas à la succession tant qu'elle n'est pas exercée ; ainsi les héritiers ne doivent ni déclaration, ni paiement de droits pour raison d'une faculté de réméré qui leur est transmise par le décès de leur auteur.

2°. S'ils exercent cette faculté, l'acte de réméré, ne peut être assujetti qu'au droit de 50 c. par cent établi par le n°. 11, section 2 de l'article 69 de la loi du 22 frimaire, qui ne distingue point entre les rémérés exercés par les vendeurs personnellement, et ceux qui le seraient par leurs héritiers seulement.

3°. Ce n'est que, comme étant aux droits de leur auteur, que les héritiers exercent le retrait, et par l'effet du réméré l'immeuble aliéné rentre dans la succession et fait partie des biens qui la composent, ainsi les héritiers sont assujettis, dans les six mois de l'exercice du réméré à acquitter les droits établis par la loi pour les mutations immobiliaires par décès, sauf à leur tenir compte, sur les droits de l'immeuble, de celui qu'ils auroient payé sur la somme remboursée à l'acquereur, en supposant qu'ils l'eussent comprise dans la déclaration des biens de la succession.

(Délibération du conseil du 6 ventose an 11).

A R T. 1400.

ACTES SOUS SIGNATURE PRIVÉE.

Un conseil de préfecture peut-il admettre la production d'acte sous seing-privé passé en 1778 et 1780, qui n'ont pas été enregistrés,; mais dont la date est fixée pour le décès de ceux qui les ont souscrits arrivé avant la révolution, et dont l'authenticité a été reconnue par plusieurs administrations centrales ?

On a prétendu que l'affirmative tendrait à donner un effet rétroactif à l'article 47 de la loi du 22 frimaire an 7, qui ne peut porter sur des actes passés 20 ans auparavant, et reconnus par les autorités.

Mais, il est de principe que l'on ne peut, dans aucun cas, faire usage public des actes sous seing-privé, avant qu'ils aient été enre-

3

gistrés. Il est vrai que, pendant long-tems, ce principe est résté sans application aux productions faites devant les autorités administratives; mais la loi du 9 vendémiaire an 6, et celle du 22 frimaire an 7, se sont expliquées de la manière la plus positive à cet égard, et quelle que soit la date de ces actes, ils sont incontestablement sujets à l'enregistrement, dès qu'on en veut faire usage devant les autorités constituées.

Il n'y a d'exception à cette règle que celle prononcée, par la loi du 26 frimaire an 8, pour les productions tendantes à la liquidation de la dette publique, et même cette exception ne serait point applicable à des ventes d'immeubles, qui ont toujours dû être enregistrées dans un délai fixé ?

(Décision du ministre, du 14 ventose an 11).

A R T.   1401.

A C T E S   S I M P L E S.

Distinction entre un acte simple et une obligation ou un dépôt.

Antoine et Joseph acquièrent un immeuble. Par un acte postérieur, Antoine remet la portion du prix qu'il doit acquitter à Joseph, qui, en conséquence de ce paiement, demeure seul chargé envers le vendeur ou ses ayant-causes, des paiemens du prix total de l'acquisition, et s'oblige d'en libérer, garantir et indemniser Antoine.

On demande si cet acte est seulement sujet au droit fixe d'un franc, ou s'il est passible du droit proportionnel d'un franc par cent francs, comme obligation ou dépôt de sommes.

Il est difficile d'appercevoir dans la convention dont il s'agit, les caractères d'un prêt qui constitue une obligation proprement dite; Joseph ne fait ici pour son compte personnel aucun emprunt de deniers; il n'y a ni prêteur ni emprunteur, et Joseph n'est pas tenu de rien rendre à Antoine.

On ne peut non plus considérer cette convention comme un dépôt fait entre les mains de Joseph, car il est de l'essence d'un dépôt que l'objet déposé soit restituable en même nature par le dépositaire au déposant, à la première réquisition de celui-ci. Or dans l'espèce la somme dont il s'agit ne doit pas être remise à Antoine.

Delà il semble que l'on ne doit voir dans cette convention que ce qui y est réellement, un pouvoir et un mandement donné à Joseph, un consentement par lui de se charger de rendre pour Antoine, à leur vendeur commun, ou à ses ayant-causes, la somme qui lui est remise à cet

4

effet, et dont il devra retirer quittance au nom
d'Antoine. L'on pourrait opposer, à la vérité,
que Joseph s'oblige formellement de payer pour
son co-propriétaire, de le garantir et indemniser; mais d'un autre côté, on peut objecter que
l'énonciation de cette obligation ne peut seule
donner ouverture au droit proportionnel, l'o-
bligation n'en existerait pas moins, quand elle
ne serait pas exprimée; elle dérive nécessairement de l'aveu qu'on a reçu une somme pour
la rendre, et l'on n'apperçoit pas dans l'acceptation d'une pareille mission, ni dans l'obligation qui est inhérente, les caractères d'une
obligation proprement dite, ni d'une reconnaissance de prêt, ou de tous autres droits et créances que la loi paraît avoir voulu assujettir seuls
au paiement du droit proportionnel d'un p. 100.

Cette convention doit donc être considérée
comme n'étant susceptible que du droit fixe
d'un franc.

(Délibération du conseil d'administration du
17 ventôse an 11.)

ART. 1402.

DÉCLARATION DE COMMAND.

*La déclaration de command doit-elle être
notifiée à la régie de l'enregistrement,*

dans les vingt-quatre heures de l'adjudi-
cation, pour n'être sujette qu'au droit
fixe?

Plusieurs décisions rapportées dans nos précédens numéros avaient consacré l'affirmative,
bâ-ée sur les di-positions du n°. 3, § 7 de
l'art. 49 de la loi du 22 frimaire an 7.

Cependant un jugement du tribunal d'appel
du département de la Seine avait prononcé le
contraire, dans une espèce où la date utile de
la déclaration de command était constatée par
acte notarié.

Le tribunal suprême a prononcé, le 3 ventôse an 11, la cassation de ce jugement.

Voici ses motifs.

Vu le n°. 24, § 1er., art. 68, et le n°. 3,
§ 7, art. 49 de la loi du 22 frimaire an 7.

Attendu que pour n'être sujet qu'à un droit
fixe d'un franc, la loi exige trois conditions :

1°. Que la déclaration de command ait été
réservée par le procès-verbal d'adjudication ;

2°. Qu'elle ait été faite dans les vingt-quatre
heures par acte authentique et notarié ;

3°. Que la notification en ait été faite à l'enregistrement, dans le même délai de vingt-quatre
heures.

Attendu que dans l'espèce, la notification n'a

point été faite dans les vingt-quatre heures.

Attendu que l'art. 68 voulant qu'elle ait lieu dans le délai fatal, sa disposition n'est point contradictoire avec l'art. 69; mais qu'elle a seulement voulu prévoir les fraudes, en ne considérant comme réellement exécutées dans les vingt-quatre heures que les déclarations notifiées dans le même délai, casse et annulle, etc.

A R T. 1403.

DOMAINES NATIONAUX.

Les prestations emphytéotiques sont-elles sujettes à la retenue des impositions?

Cette question ne paraissait pas devoir présenter de difficultés, d'après les dispositions de la loi du 1er. décembre 1790, confirmées par celles de la loi du 3 frimaire an 7.

Aux termes de ces lois, toute prestation foncière est passible de la retenue des impositions, lorsqu'il n'y a clause contraire.

Cependant le tribunal d'appel, séant à Colmar, s'était décidé pour la négative, fondé sur ce que les lois nouvelles ne parlant que de simples prestations annuelles, n'y avaient pas nom-

mément compris les redevances emphytéotiques, et que d'ailleurs il est d'usage dans les
pays anciennement régis par les lois de l'empire,
que les canons emphytéotiques soient acquittés
sans déduction d'impositions.

A ces moyens on a opposé en cassation que
suivant les principes adoptés par tous les auteurs, l'emphytéose consacrait une prestation
annuelle sujette comme toutes les autres à l'empire de la loi de décembre 1790 ; qu'avant la
révolution les canons emphytéotiques étaient
sujets à la retenue des vingtièmes.

Et en effet l'emphytéose, par sa nature, com-
porte aliénation du domaine utile ; le preneur
chargé des impositions qui portent sur la jouissance, doit en trouver l'indemnité par déduction sur sa redevance, à moins qu'il n'y ait
clause de non retenue.

Le tribunal de cassation a rendu, dans cette
espèce, le 2 ventôse an 11, dans l'affaire entre
Denoyers et Spirmel le jugement suivant :

Vu l'art. 6, titre 2 de la loi du 1er. décembre
1790, et autres subséquentes, qui veulent que
tout propriétaire, dont les fonds sont grévés
de rentes seigneuriales ou foncières, de cham-
parts ou d'autres prestations annuelles, fasse,
en les acquittant, une retenue proportionnelle à
l'imposition, à moins que les contrats aient été
faits sous la condition de non-retenue.

Attendu que la rente dont s'agit est bien constamment une prestation annuelle.

Attendu que le contrat de 1701 ne fait, en aucune manière, mention de la non-retenue ;

Et que l'objet d'éluder la loi se manifeste évidemment dans le jugement attaqué, en faisant équivaloir à la clause de non-retenue un prétendu usage adopté dans les pays réunis ;

Casse et annulle le jugement du tribunal de Colmar ; renvoie, etc.

Art. 1404.

TABACS.

Formation des rôles des taxes sur les tabacs dues pour les exercices antérieurs à la publication de la loi du 29 floréal an 10.

La loi du 29 floréal, qui charge l'Administration de la formation des rôles du droit de fabrication de tabac, ne peut s'entendre que des exercices postérieurs à la publication de cette loi ; c'est pourquoi les instructions données pour son exécution ne font mention que de la taxe de l'an 11, ainsi les Préposés de l'Administration n'ont point à s'occuper des exercices antérieurs, si ce n'est pour le recouvrement des rôles rendus exécutoires ; néanmoins s'ils reconnaissaient que quelques fabricans ont échappé aux recherches des Administrations municipales, il serait de leur devoir de leur remettre les renseignemens parvenus à leur connaissance, et de les inviter à réparer cette omission, au moyen d'un rôle supplémentaire, qui devrait également être soumis au Préfet du département.

A R T. 1405.

Les dépenses de réparations faites aux biens ou bâtimen devenus nationaux situés en Belgique, par les fermiers ou locataires, en vertu des clauses de leurs baux, et antérieurement à la possession de la République, peuvent-elles leur être allouées ?

Consulté sur cette question, le Ministre des finances a rendu, le 23 ventôse dernier, la décision suivante :

Les dépenses des réparations faites aux biens ou bâtimens devenus nationaux, situés dans la Belgique, par les fermiers ou locataires, en vertu des clauses de leurs baux, et antérieurement à la possession de la République, leur seront allouées, à la charge par eux de représenter les quittances des entrepreneurs, et de justifier que l'autorisation de faire ces réparations et la promesse d'en être remboursés sont spécialement exprimées dans leurs baux, sans qu'il puisse y être suppléé par les autorisations ou déclarations ultérieures des anciens propriétaires ; les dépenses de cette nature seront imputées sur les fermages ou loyers dus et échus antérieurement à l'époque où lesdits biens et bâtimens ont passés dans les mains de la République ; et en cas d'insuffisance, le surplus desdites dépenses sera soumis au mode de liquidation déterminé par les lois des 24 frimaire et 5 prairial an 6.

ART. 1406.

RENTES FONCIÈRES MÉLANGÉES DE CENS.

Nous avons indiqué, art. 1397, l'avis du conseil d'état rapporté dans la lettre du conseiller d'état, directeur général de l'administration du 24 ventôse dernier. Nous croyons utile d'en présenter le texte littéral.

Avis du conseil d'état sur la suppression des prestations établies par des titres constitutifs de redevances seigneuriales et droits féodaux.

Extrait du registre des délibérations, séance du 30 pluviôse.

Le conseil d'état, d'après le renvoi du gouvernement, et sur le rapport de la section de législation;

Vu les art. 1 et 2 de la loi du 17 juillet 1793, portant suppression des redevances ci-devant seigneuriales, droits féodaux fixes et casuels, et qui n'exceptent de cette disposition que les rentes ou prestations purement foncières et non féodales.

L'art. 6 de la même loi, qui ordonne le brûlement des titres constitutifs ou récognitifs des droits supprimés par les art. 1 et 2.

Le décret du 2 octobre 1793, par lequel la convention, sur la proposition de séparer ce qui était purement foncier dans les actes portant concession primitive de fonds à titre d'inféodation ou d'accensement, et de proroger en conséquence à six mois le délai fixé pour le brûlement des titres féodaux mixtes, passe à l'ordre du jour, motivé sur la loi du 17 juillet relative aux droits féodaux.

Le décret du 7 ventôse an 2, par lequel la convention, sur la question proposée, si la régie nationale de l'enregistrement et des domaines pouvait recevoir le rachat offert d'une rente qualifiée foncière et seigneuriale par le titre primitif de bail d'héritage, contenant en même tems un cens emportant lods et ventes, déclare qu'il n'y a pas lieu à délibérer, attendu qu'elle a déclaré, par la loi du 17 juillet précédent, supprimer sans indemnité les rentes foncières qui avaient été créées, même pour concession de fonds, avec mélange de cens ou autres signes de seigneurie ou féodalité:

Considérant que si les articles 1 et 2 de la loi du 17 juillet 1793 pouvaient laisser quelques doutes sur l'objet de l'intention des législateurs, ces doutes ont été pleinement levés par le décret d'ordre du jour du 2 octobre 1793; que le refus de proroger le délai fixé pour le brûlement des titres constitutifs et récognitifs de seigneurie, et d'autoriser la séparation de ce qui pouvait être purement foncier, annonce clairement que la convention regardait tous les droits quelconques établis par ces titres, comme supprimés par une suite de leur mélange avec des cens ou autres signes de féodalité.

Que le décret du 7 ventôse an 2, qui déclare qu'il n'y a pas lieu à délibérer sur l'autorisation demandée par la régie nationale, pour recevoir un remboursement de rente foncière, stipulée par un acte mélangé de cens, aurait achevé de dissiper toute incertitude, s'il avait pu encore en exister;

Que telle a été, depuis, l'opinion constante du corps législatif; qu'elle s'est manifestée, en l'an 5 et en l'an 8, dans les discussions sur les projets présentés à l'effet d'établir une distinction entre les rentes et prestations

créées par des actes constitutifs ou récognitifs de seigneurie, pour soustraire à la suppression celles qu'on
regardait comme purement foncières;

Attendu qu'il n'est pas possible de méconnaître des
intentions aussi évidentes, et qu'il ne peut y avoir
lieu à interpréter des dispositions qui ne sont nullement
obscures,

Est d'avis que toutes prestations, de quelque nature qu'elles puissent être, établies par des titres constitutifs de redevances seigneuriales et droits fé-daux
supprimés par le décret du 17 juillet 1793, ont été
pareillement supprimés, et que l'on ne pourrait admettre les demandes en paiement de ces prestations sans
changer la législation.

Notice des Instructions générales.

Lettre du 26 ventôse an 11. La distance, pour connaître les bois aliénables, se calcule à vol d'oiseau,
pour les bois séquestrés.

Autre du 28 dudit. L'apposition de scellés par mesure de conservation, ne doit avoir lieu que lorsqu'il
s'agit d'un délit emportant peine afflictive.

Instruction générale du 8 germinal an 11, n°. 129.
Les Receveurs de l'enregistrement doivent employer
les huissiers des juges de paix pour toutes les poursuites
relatives aux contraintes visées, jusqu'à ce qu'une
opposition saisisse le tribunal de première instance; et
si l'huissier du juge de paix est commissionné près
le tribunal, il peut instrumenter, pour l'Administration,
dans toutes les circonstances.

Autre du 9 dudit, n°. 130, relative aux frais des
poursuites dirigées contre les Préposés infidèles, et aux
frais d'emprisonnement des condamnés à des amendes.
Ces avances seront remboursées comme il est prescrit
par la circulaire du 16 nivôse an 8, n°. 1739.

INSTRUCTIONS

DÉCADAIRES

Sur l'enregistrement, les droits y réunis, et les domaines nationaux,

RÉDIGÉES par une Société d'Employés de l'Administration de l'Enregistrement et du domaine national.

N°. 159.

ART. 1407.

ENREGISTREMENT.

DÉCLARATION DE SUCCESSION.

Une élection d'héritier, par acte entre-vifs, faite par une mère instituée héritière à la charge de rendre, saisit-elle l'élu de la propriété des biens, dès l'instant de cette élection ?

Une femme, par testament du 27 janvier 1773,
a été instituée héritière universelle de son mari,
à la charge de rendre et restituer tous ses biens,
ou avant, ou après son décès, à celui de ses
enfans qu'elle voudrait nommer et choisir, soit
en totalité à un seul, soit par portions égales
ou inégales entr'eux, à sa volonté.

Le mari est décédé le 13 décembre 1782,
laissant un fils et une fille.

Le 17 mars 1783, par acte notarié, la mère
remit à son fils, par voie de transport perpétuel
et irrévocable, tous les biens auxquels il prétendait avoir droit, et s'en réserva l'usufruit.

Le 12 octobre 1787, par acte aussi notarié
la mère remit de même à sa fille, pour elle et
les siens, irrévocablement et pour toujours,
plusieurs corps de domaines désignés dans l'acte,
provenant également de la succession du père,
et s'en réserva aussi l'usufruit.

La fille est décédée avant sa mère, est-il dû
un droit de succession pour son frère? Celui-ci
s'y est refusé, sous le prétexte qu'il ne s'est point
opéré de mutation en sa personne par le décès
de sa sœur.

Il a observé que l'acte de 1787 était ou une
donation pure et simple, ou une remise de fidéi-
commis à une époque déterminée.

Si c'est une donation, la donataire étant morte

avant la donatrice , celle-ci rentre dans la propriété des objets de la donation, il a argumenté
en outre du défaut d'insinuation ; il a soutenu
que cette circonstance rendant la donation caduque pour la donataire , les immeubles donnés
ne pouvaient être considérés que comme faisant
partie de la succession maternelle.

Si c'est une remise de fidéi-commis , la première personne appelée étant morte avant l'é-
poque fixée pour sa remise , elle ne peut le
transmettre par elle-même , puisqu'elle n'en a
jamais joui ; mais la seconde personne le recueille au défaut de la première , non du chef
de cette première , mais seulement du chef de
celui qui a établi le fidéi-commis ; et si la loi de
1792 , qui a abrogé les substitutions , est applicable au cas , l'objet rentre dans la possession
de sa mère , et parvient au fils du chef maternel.

Ces raisonnemens sont plus spécieux que fondés ; en effet , si l'on suppose que l'acte de 1787
contient donation , le prédécès de la donataire ne
saurait autoriser la conséquence que le fils voudrait en tirer ; il est , au contraire , de l'essence de
la donation entre-vifs de saisir tellement le donataire , que celui-ci , même en mourant avant le
donataire , n'en transmet pas moins à ses héritiers l'effet de la donation.

Mais il ne s'agit pas ici d'une donation , l'acte

de 1787 n'est autre chose qu'une simple élection d'héritier faite en vertu du testament du
père commun, et maintenue par l'article 7 de la
loi du 18 pluviôse an 5. Or telle est la nature
de cette élection, qu'elle équivaut à l'institution
qui aurait été faite par le père lui-même; il est
à la vérité de principe que toute institution à
charge de rendre, devient caduque par le prédécès de l'appelé, et que celui qui était chargé
de remettre devient propriétaire incommutable.
Mais ce n'est pas même le cas d'invoquer ce
principe, parce qu'il suppose que la remise n'a
pas encore été faite, et que le substitué est no-
minativement désigné par le testateur; ici, au
contraire, il s'agit d'une élection d'héritier qui,
on le répète, a le même effet que l'institution
testamentaire elle-même.

L'acte de 1787 avait donc mis la fille en possession d'une partie des biens de son père, ainsi
qu'il est dit dans cet acte, pour elle et les siens
irrévocablement et pour toujours; la propriété
de ces mêmes biens résidait donc sur la tête de la
fille à l'époque de son décès.

D'après ces motifs, la réclamation du fils ne
pouvait être accueillie.

ART. 1408.

BAIL.

Doit-on considérer comme bail illimité, celui fait pour une époque déterminée, avec faculté de le continuer sans terme, aux mêmes clauses, prix et conditions, si l'on ne manifeste une volonté contraire par avertissement ?

Voici l'espèce qui a donné lieu à cette question :

Une maison a été louée pour trois années consécutives, moyennant la somme annuelle de six cents francs.

Une clause du bail est ainsi conçue :

,, Celui des contractans qui voudra se désis-
,, ter de ce bail à l'expiration desdites trois an-
,, nées, sera tenu d'en prévenir l'autre par un
,, avertissement en due forme, six mois avant
,, cette expiration ; faute de ce faire, le bail
,, continuera, *sans terme*, aux mêmes clau-
,, ses, prix et conditions, jusqu'à ce que l'un
,, ou l'autre des contractans fasse la rénoncia-
,, tion de la manière ci-dessus prévue.

Pour soutenir que la durée de ce bail n'était pas illimitée, on a dit que la disposition éventuelle d'un acte ne pouvait être substituée à une

3

disposition précise pour en faire résulter une perception plus forte, et que dans l'espèce la prorogation indéfinie était subordonnée à des conditions purement éventuelles.

Mais il faut observer que, d'après les dispositions du bail, sa durée est de droit illimitée, et que sa fin à l'expiration de trois ans, est la clause *éventuelle*, puisqu'elle dépend d'un changement de volonté, d'une dérogation à la stipulation *sans terme*; dérogation qui ne peut avoir lieu que par un acte qui fera cesser la jouissance illimitée. Ainsi le droit d'enregistrement paraît devoir être perçu comme pour un bail dont la durée est illimitée.

ART. 1409.

BAIL A FERME.

Fixation en numéraire du prix d'un bail stipulé en nature. De quel droit est passible l'acte contenant cette disposition?

Nous précisons l'espèce.

Le prix de ferme d'un bien rural a été stipulé par le bail payable en nature, et le droit d'enregistrement a été liquidé d'après les dernières mercuriales du canton de la situation des immeubles à la date de l'acte, conformément à la loi du 22 frimaire an 7 : par une nouvelle con-

vention, les parties ont fixé la valeur variable
du prix annuel des grains à une somme déterminée, d'après l'année commune de cette durée,
le bailleur se réservant le paiement en nature,
dans le cas où le fermier voudrait s'acquitter autrement qu'en numéraire.

On prétendait qu'il y avait changement dans
les dispositions, et que le droit proportionnel
devait être perçu sur l'excédant résultant de la
comparaison de la valeur des denrées d'après
les mercuriales, avec la somme fixée par le dernier acte.

Mais ce n'était qu'une simple conversion de
fermages, une simple modification du bail, qui
n'ajoutait rien à la redevance, puisque l'évaluation était faite *au prix commun des grains*,
et non pas d'après une *estimation exagérée*
ou un *renchérissement momentané* : le propriétaire s'était même réservé l'option du paiement en nature, ce qui écartait toute idée de
collusion pour éluder le droit.

Dans ces circonstances, nous avons pensé
que l'acte n'ayant d'autre but que de fixer amia-
blement une estimation de la quantité de bled
stipulée dans le bail, de manière à faire cesser
toute incertitude et toute chance pour le propriétaire et pour le fermier, il n'était dû de droit
d'enregistrement que celui fixe d'un franc.

4

ART. 1410.

ENREGISTREMENT. — BAIL. — CAUTIONNEMENT.

L'acte de cautionnement d'un bail posté-
rieur à la passation du bail n'est-il pas-
sible que de la moitié du droit fixe pour
le bail, lorsque la condition de fournir
caution n'y a pas été consentie?

L'art. 9 de la loi du 27 ventôse an 9, porte :
» Le droit d'enregistrement des cautionnemens
» de baux à ferme ou à loyer, sera de moitié
» de celui fixé pour les baux.

Quelques-uns ont prétendu que cet article
ne pouvait s'appliquer qu'aux cautionnemens
contenus dans les baux, et en faisant une condition essentielle. Ils ont pensé que les actes de
cautionnement consentis après la passation des
baux supposaient des motifs ou des circonstances étrangères aux baux, et devaient être
considérés comme des cautionnemens d'obligations. C'est une erreur; l'article cité de la loi
du 27 ventôse an 9, ne distingue pas entre les
cautionnemens passés après les baux, ou compris dans les actes de passation des baux, il ne
les tariffe qu'à la moitié du droit des baux, on
ne doit pas étendre les dispositions de la loi.

A R T. 1411.

R É S I L I E M E N T.

Un contrat de mariage, qui n'a point été
suivi de la prononciation, est résilié par
un acte postérieur après les vingt-quatre
heures du contrat. De quel droit est pas-
sible ce résiliement ?

Les résiliemens purs et simples faits par actes
authentiques dans les 24 heures des actes résiliés, doivent le droit fixe d'un franc. (Art. 68,
§ 1er., n°. 40 de la loi du 22 frimaire an 7.)

Dans l'espèce proposée, le résiliement n'a
point eu lieu dans les 24 heures du contrat de
mariage, d'où l'on a conclu que n'y ayant pas
accomplissement de la condition prescrite, l'acte
n'était plus un résiliement pur et simple, mais
une résolution volontaire qui était sujette aux
mêmes droits que le premier contrat.

Cependant il est de principe que les conventions arrêtées par contrat, et dans la vue de mariage, ne peuvent recevoir d'effet que par l'accomplissement du mariage même. Or, dans
l'hypothèse les parties, au lieu de s'unir en mariage, changent de volonté et résilient leur contrat, qui n'avait et ne pouvait avoir eu aucun
effet, puisque son exécution dépendait uniquement de la prononciation même du ma-

riage , qui n'a pas eu lieu. Il est vrai que la
disposition de l'article précité fixe à 24 heures
le délai dans lequel les actes peuvent être résiliés , pour que le résiliement n'opère qu'un
droit fixe d'un franc; mais le législateur n'a entendu parler sans doute que des actes qui étaient
parfaits dès le moment de leur passation , ce qui
pouvaient avoir leur exécution sans acte ou
événement postérieur. Or un contrat de mariage ne peut avoir le caractère de ce contrat ,
que par la prononciation même du mariage devant l'officier de l'état civil , et nous pensons
que jusques-là il peut toujours être résilié , sans
que l'acte de résiliement puisse aucunement être
considéré comme un acte passible du même
droit que le contrat antérieur auquel il est relatif.

ART. 1412.

ACTES JUDICIAIRES.

Lorsqu'il a été formé opposition , en tems
utile , à un jugement par défaut sujet à
l'enregistrement sur la minute , comme
portant transmission de propriété , est-il
dû le double droit , si la formalité n'est
pas requise dans les vingt jours de la date
du jugement ?

Non. Le jugement par défaut ne pouvant

produire d'effet, à raison de l'opposition faite
en tems utile, puisque par l'opposition les parties sont remises au même état, il en résulte que
le délai pour la formalité ne court qu'à compter de la date du jugement contradictoire, et
quoique ce dernier jugement confirme celui par
défaut, il ne s'ensuit pas que la transmission re-
monte, ainsi qu'on l'avait prétendu, à la date
du premier jugement, elle n'est effectivement
opérée que par le jugement définitif, qui fait
seul le titre du nouveau propriétaire.

***

ART. 1413.

HYPOTHÈQUES.

*Dans un contrat de vente, il est dit, que
l'acquéreur paiera, à la décharge du vendeur, plusieurs rentes, sans désignation
des créanciers. L'inscription d'office peut-
elle être radiée sur le consentement du
vendeur?*

Cette question, qui rentre dans l'espèce de
celle insérée n°. 1314, nous paraît devoir être
décidée par les mêmes principes. C'est pour
l'intérêt du vendeur et de ses ayant-causes que
l'art. 29 de la loi du 11 brumaire an 7 oblige
le conservateur à faire une inscription d'office:

toutes les fois qu'il n'y a pas d'ayant-causes connus, ou légalement constatés, le vendeur a seul des droits contre les acquéreurs, et peut requérir l'exécution des engagemens qu'ils ont contractés. Son consentement devient donc suffisant à la main-levée d'inscription d'office.

Or, on ne peut considérer comme ayant-cause du vendeur, des créanciers non désignés ni dénommés de rentes qui forment partie du prix de la vente.

A r t. 1414.

DOMAINES NATIONAUX.

Recouvrement des prix de ventes des biens provenant des condamnés.

L'art. 21 de la loi du 21 prairial an 3, porte : ,, Le recouvrement des prix de ventes ,, des biens des condamnés doit être fait jus- ,, qu'à l'entière libération des acquéreurs, non ,, par les héritiers des condamnés, mais par ,, les préposés de l'administration, sauf la res- ,, titution en bons au porteur à ces héritiers.

Néanmoins plusieurs administrations départementales n'ayant pas fait difficulté d'insérer dans leurs arrêtés de réintégration d'héritiers de condamnés ou de prêtres déportés, une disposition portant autorisation à ces héritiers de recevoir des acquéreurs le prix des adjudications qui n'aurait pas été versé dans les caisses publiques, il s'est élevé la question de savoir si, en pareil cas, le recouvrement du prix entier des ventes devait être suivi vis-à-vis des acquéreurs, sans avoir égard aux paiemens que ceux-ci justifieraient avoir faits aux héritiers des condamnés.

Le ministre des finances a décidé, le 28 fructidor an 7, qu'il devait être prescrit de suspendre toutes poursuites contre les acquéreurs de biens de condamnés qui, en vertu d'actes administratifs auraient versé le prix de leurs acquisitions entre les mains des héritiers des condamnés.

Cette décision est l'objet de la circulaire de l'Administration du 14 vendémiaire an 8, n°. 1668.

Nonobstant ces instructions, plusieurs receveurs ont cru devoir former des demandes de cette nature, toutes les fois que les arrêtés de réintégration n'exprimaient pas positivement la faculté de toucher des acquéreurs le restant dû sur le prix des ventes.

Cette nouvelle difficulté ayant fait le sujet d'un rapport au conseil d'administration, il a été d'avis que la décision du ministre pouvait s'appliquer an cas où l'arrêté de réintégration des héritiers d'un condamné n'autorisait pas expressément l'acquéreur à payer entre ses mains.

Cet avis était motivé sur ce que l'arrêté de réintégration des héritiers d'un condamné paraît être l'acte administratif désigné par la décision du ministre des finances, qu'il n'est pas nécessaire que l'arrêté porte une clause spéciale et positive d'autorisation à l'acquéreur de payer, entre les mains des héritiers pour que ce paiement soit valide, puisque l'autorisation est une conséquence tacite de l'arrêté même de réintégration

La délibération de l'administration ayant été communiquée au ministre des finances, il l'a approuvée le 6 ventôse an 11, il a observé „que „ plusieurs administrations départementales „ ayant, par une fausse application de l'art. „ 21 de la loi du 21 prairial an 3, autorisé les „ acquéreurs de biens de condamnés à payer „ aux héritiers les sommes dues sur le montant „ de leurs acquisitions, il s'agissait aujourd'hui „ de décider si l'administration doit exercer une „ action contre ces acquéreurs, à raison des „ sommes par eux versées en conformité des „ autorisations des administrations centrales, „ ou d'après les arrêtés qui avaient seulement „ prononcé la réintégration.

» On ne peut se dissimuler que la position
» malheureuse des héritiers de condamnés qui
» ont reçu des acquéreurs, et contre lesquels
» ceux-ci auraient un recours naturel, serait
» aggravée par cette mesure, sans qu'il en ré-
» sultât aucun avantage réel pour le trésor pu-
» blic.

» Dans ces circonstances, il a pensé qu'il est
» plus simple, et conséquemment plus conve-
» nable a l'ordre de la comptabilité, de valider
» les paiemens qui ont été faits par des acqué-
» reurs de biens de condamnés, de la totalité
» ou de portion du prix entre les mains des
» héritiers de ces condamnés postérieurement
» à l'arrêté de réintégration de ces mêmes hé-
» ritiers.

Il résulte de cette décision que les préposés de l'administration doivent recevoir pour
comptant les quittances données par lesdits
héritiers, au moyen de quoi la république demeurera quitte de toute restitution pour raison des objets vendus, et dont ces héritiers
auront touché le prix directement.

AVIS.

Le premier volume des Instructions générales et des Lettres du Conseiller d'Etat, directeur général de l'Administration, faisant suite
aux 9 volumes de la collection des Circulaires,
paraîtra dans les dix premiers jours du mois
prochain.

Le prix est de 4 fr. pris à Paris, et de 5 fr.
(franc de port) par la poste.

Etat des impressions que l'on trouve au bureau des Instructions sur l'enregistrement et les domaines, rue Projettée Choiseuil, n. 1er à Paris.

A dix centimes la feuille, au bureau, et 15 centimes par la poste.

1° État des fermages et locations des années 3 et 4. (Circul. n. 1619.)

2. — Id. des années 5, 6, 7 et 8. (Circul. n. 1919, n. 1er.)

3. — Id. Pour l'an 9, l'an 10 ou l'an 11, (même circul. n. 2.)

4. Trois états des biens nationaux existant aux mains de la nation, (lettre du *directeur général* du 21 messidor an 10.)

5. Six états des ventes faites en exécution des lois des 15 et 16 floréal an 10. (Instruction générale, n. 61.)

6. État des ventes de domaines nationaux, (n. 6 , circulaire, n. 1564.

7. Deux états des rentes foncières et constituées, (n. 1 et 2. Circul. n. 1925.)

8. État des traites pour coupes de bois nationaux ; protestées ou renvoyées. (Instruction générale du 1er. frimaire an 11, n. 101.)

9. État du produit des coupes de bois nationaux, et des divers objets relatifs aux bois pendant l'exercice de l'an . (Circul. n. 1927.

10. État des taxes de jurés et témoins, feuilles de couvertures et intérieures , suivant les modèles envoyés par le grand-juge, ministre de la justice. (Instruction générale, du 6 brumaire an 11. n. 88.

11. Relevé de cotes nationales, avec les certificats et quittance.

A 7 cent. la feuille, au bureau, et 12 centimes par la poste.

12. Relevé des actes de décès , à remettre chaque trimestre au maire des communes. (Circul. n. 2044.)

Il faut affranchir les lettres de demande.

INSTRUCTIONS

DÉCADAIRES

Sur l'enregistrement, les droits y réunis, et les domaines nationaux,

RÉDIGÉES par une Société d'Employés de l'Administration de l'Enregistrement et du domaine national.

N°. 160.

ART. 1415.

ENREGISTREMENT.

DÉCLARATION DE SUCCESSION.

Quel est le bail qui doit servir de base pour la liquidation des droits de successions ? Est-ce celui existant au jour du décès ou celui existant au jour de la déclaration ?

Cette question pourrait se décider par le seul

Tome IX. 16

principe que le droit étant la suite de la transmission est acquis au jour où elle s'effectue.

Telles étaient autrefois les bases de la perception ; les droits des mutations par décès se réglaient sur la valeur des biens au moment de l'ouverture de la succession. Dans le cours de la révolution et lorsque le numéraire était remplacé, dans la circulation, par le papier-monnaie, la valeur des immeubles a éprouvé des variations si fréquentes et si sensibles, qu'il est devenu indispensable pour l'intérêt de l'état, de fixer à cet égard, un mode de liquidation qui assurât au trésor public, un droit proportionné à la valeur des biens au moment où le droit serait acquitté.

C'est par ce motif, que l'article 10 de la loi du 14 thermidor an 4, avait ordonné que le droit des mutations par décès serait perçu sur la valeur des biens, d'après le prix des baux, au jour de la déclaration qui en serait passée.

Mais les circonstances extraordinaires qui ont motivé cette disposition n'existant plus, le législateur a dû rétablir les anciens principes de perception : aussi la loi du 22 frimaire an 7, (art. 15. n° 7.) porte-t-elle que le droit sera perçu *sur l'évaluation qui sera faite ; et portée à 20 fois le produit des biens, ou le prix des baux courants ?*

On ne peut raisonnablement élever des doutes sur la signification des termes baux courants. Le législateur n'a pu prévoir qu'on éleverait une difficulté sur sa signification ; difficulté contraire au principe général que les droits doivent être liquidés sur les bases existantes au jour où ils sont acquis. Or, dans l'espèce, le droit est acquis du jour du décès ; mais la question a été implicitement jugée par le ministre des finances, lorsqu'il a prononcé que, dans le cas d'évaluation de baux en nature, elle devait être faite d'après les mercuriales existantes au jour du décès.

S'il pouvait en être autrement, il ne tiendrait qu'aux héritiers d'éluder les droits, en affermant, dans les six mois du décès, les biens par eux recueillis à un prix inférieur à celui des baux existans.

Art. 1416.

ADJUDICATION SUR SURENCHÈRE.

De quel droit est-elle passible ?

Le nombre 1er., §. 6 de l'art. 69 de la loi du 22 frimaire an 7, qui fixe à 4 pour cent le droit d'enregistrement des adjudications, ventes, reventes, cessions, retrocessions, et de tous autres actes civils ou judiciaires, trans-

latifs de propriété ou d'usufruit de biens immeubles, à titre onéreux, porte que pour les
adjudications à la folle enchère de biens de
même nature, le droit sera perçu seulement
sur ce qui excède le prix de la précédente
adjudication, si le droit en a été acquitté.

De ce que l'exception ne parle que des adjudications à la folle enchère, l'on a prétendu
que celles sur surenchère restaient soumises au
droit sur l'intégralité du prix.

Mais c'est, sans doute, tirer du silence de
la loi une conséquence forcée. Dans les deux
cas, le premier acquéreur est censé n'avoir jamais été propriétaire. Il n'y a véritablement
qu'une seule et même mutation. Ce principe
doit d'autant plus être appliqué à l'acquéreur
dépossédé, en conséquence d'adjudication sur
surenchère, qu'il n'a nullement été le maître
de conserver les héritages en payant même le
prix, moyennant lequel il a acquis. Si le droit
devait être exigé sur l'intégralité du prix de
la seconde adjudication, dans ce cas, par qui
devrait être supporté le droit perçu sur la première ? — Par le dernier acquéreur ! Il ne peut
être passible que du seul droit de la mutation
opérée en sa faveur par l'adjudication sur surenchère qui forme son titre. — Par le premier
acquéreur ! La seconde adjudication l'a expro-

prié, il est censé n'avoir jamais possédé, et
la propriété incommutable ne pouvait lui être
acquise, qu'autant que sur la transcription de
son contrat, et sur la signification aux créanciers
inscrits, il ne serait survenu aucune surenchère.
— Enfin, par le vendeur. Celui qui aliène ne
peut être tenu au paiement des droits qu'autant qu'il y a une convention expresse dans
le contrat. D'ailleurs il est une observation
qui doit trancher toute difficulté. Si le premier
acquéreur se rendait aussi adjudicataire par l'adjudication sur surenchère, pourrait-on dire qu'il
y a une seconde mutation, et qu'indépendamment du premier droit par lui payé, il doit acquitter celui de la seconde adjudication sur l'intégralité du prix? Une pareille prétention serait
absurde. Il en résulte donc que le premier contrat, ne forme avec l'adjudication faite sur la
surenchère, qu'une seule mutation.

Ainsi, nous pensons que la disposition de la
loi relative aux adjudications à la folle enchère
doit s'appliquer à celles faites sur surenchère.

Ces principes sont applicables aux droits de
transcription.

ART. 1417.

TRANSPORTS DE RENTES.

Les cessions de rentes sur les communes peuvent-elles jouir de l'exemption des droits d'enregistrement ?

Pour soutenir l'affirmative, on dit, par les lois des 24 août 1793 et 24 frimaire an 6 : la République s'est chargée des dettes des communes. Les créances sur elles deviennent donc créances sur l'état, et doivent participer à l'exemption portée par le n.º 3 , §. 3 de l'art. 70.

Mais cet avis est motivé sur une fausse application de l'art. 70. Il ne porte exemption des droits que pour les effets de la dette publique inscrits et à inscrire. Or, les créances sur les communes ne deviennent effets de la dette publique qu'après leur liquidation.

Il faut distinguer les rentes dûes directement par le gouvernement comme ayant pris l'actif de la commune originairement débitrice ; et les rentes dûes directement par les communes dont le gouvernement n'a pas pris l'actif. Pour les premières le droit proportionnel de la cession est dû , mais seulement sur la valeur de la rente , d'après le cours de la place des 5 pour cent

consolidés et bons de deux tiers qui doivent
en résulter. A l'égard des seconds, le droit
est dû sur le capital aliéné.

(Opinion des rédacteurs.)

ART. 1418.

ACTES JUDICIAIRES.

Une transaction contenant transmission
d'immeubles est reçue par un juge de paix,
son greffier la présente à l'enregistrement
dans les délais, mais à défaut de remise
de la part des parties du montant des
droits ils ne sont point acquittés. Le
greffier encoure-t-il l'amende prononcée
par l'art. 35 ?

Aux termes de l'art. 35 de la loi du 22
frimaire an 7, les greffiers qui auraient négligé
de soumettre à l'enregistrement dans le délai
fixé, les actes qu'ils sont tenus de présenter à
cette formalité doivent payer à titre d'amende,
pour chaque contravention, une somme égale
au montant du droit.

Par l'art. 37, il est fait exception à cette
disposition pour les jugemens rendus à l'audience qui doivent être enregistrés sur la minute
et aux actes d'adjudication publique, mais

les greffiers doivent remettre dans le délai fixé pour l'enregistrement des extraits des jugemens, dont les droits ne leur auront pas été remis par les parties.

Le motif de cette exception est facile à sentir, le législateur a voulu que les greffiers ne fussent responsables que des droits dont il leur était loisible d'exiger le paiement avant la réception de l'acte. Il ne s'agit donc pas d'examiner si le jugement a été rendu à l'audience de tel ou tel tribunal, mais si le greffier a pu suspendre ou non la réception de l'acte qui donne ouverture au droit. Ici le juge de paix a rempli les fonctions d'arbitre, sa décision n'est pas nommément un jugement rendu à l'audience, mais en a l'effet, puisqu'il fait loi aux parties conciliées. Le greffier n'a pu différer la rédaction de l'acte, qui par sa nature emportant transmission, devait être enregistré sur la minute, et lors même que l'acte n'aurait pas été enregistré, la transaction n'aurait pas moins eu son effet, et la transmission se serait toujours opérée. Ces motifs nous semblent suffisans pour décharger le greffier de la peine prononcée par l'art. 35.

ART. 1419.

TITRE CLÉRICAL.

De quel droit est-il passible ?

Cette question a été insérée art. 1245 de ces instructions. Nous y avons établi qu'un titre clérical doit être considéré comme une constitution *gratuite* de la rente qui y est affectée et hypothéquée, que le capital de cette rente doit être formé à raison du denier dix. Ainsi, le droit doit être fixé d'après les quotités déterminées par l'art. 69, parag. 4 et 6, n.° 1.er de la loi du 22 frimaire an 7, c'est-à-dire, sur le pied d'un fr. 50 centimes par 100 francs, si la constitution est faite en ligne directe, et de 2 fr. 50 centimes par 100 francs, si elle est faite par un collatéral ou autre personne non parente.

(A noter en marge de l'art. 1245.)

ART. 1420.

DONATION. RÉTROCESSION.

La rétrocession d'une donation librement acceptée et devenue irrévocable, opère une mutation sujète au droit proportionnel.

Jugement de cassation rendu le 22 frimaire an 11 , au rapport du C. Aumont.

Contre le C. Deyperoux.

Par acte du 24 août 1780 , passé devant le notaire de Mirande , Pierre Lafargue avoit fait donation à dominique Cayret , son neveu , ce acceptant , de tous ses biens , meubles et immeubles , avec réserve d'usufruit , à la charge par le notaire de payer toutes les dettes dont les biens pouvaient être tenus.

Cet acte était revêtu de la formalité de l'insinuation, et les droits de 100e. denier avaient été acquittés.

Le 31 du même mois d'août, Dominique Cayret renonça , par un acte sous-seing-privé , à l'effet de la donation , et se dessaisit de la propriété des biens donnés *au profit du citoyen Lafargue , qui accepta la renonciation.*

Après le décès du citoyen Lafargue , les citoyens Deyperoux , créanciers , possesseurs des biens de son hérédité , présentent au bureau de l'enregistrement l'acte sous seing-privé dont il vient d'être parlé.

Le receveur perçoit une somme de 363 fr. 28 cent. pour le droit proportionnel résultant *de la mutation* qui y était mentionnée.

Les citoyens Deyperoux se sont pourvus en réclamation au tribunal de l'arrondissement de Mirande , qui, par jugement du 24 messidor an 9, a ordonné *la restitution du droit proportionnel* , et a déclaré que l'acte du 31 août 1789 , était seulement assujéti *au droit fixe de 1 fr.*

Les motifs de ce jugement reposent sur ce que l'acte dont il s'agit ne contient pas proprement de rétrocession, qu'on n'y apperçoit qu'une simple renonciation à l'effet d'une donation, faculté réservée aux donataires par l'article 18 de l'ordonnance de 1731, et que dès-lors cet acte doit être rangé dans l'espece de ceux désignés par le Nº. 1er. § 1er. de l'article 68 de la loi du 22 frimaire an 7, qui détermine le droit fixe de 1 fr. » pour les abstentions, répudiations *et renonciations* à successions ou communautés.

Les administrateurs de l'enregistrement ont observé au tribunal de cassation que ce jugement avoit fait une fausse application de l'art. 18 de l'ordonnance de 1731, qui parlait seulement d'une faculté de renonciation accordée aux donataires *par contrat de mariage*, ce qui ne pouvait rentrer dans notre espèce ; qu'il fallait plutôt avoir égard aux autres articles de la même ordonnance, qui *déclarent irrévocables les donations entre-vifs*, faites avec les formalités prescrites, telles que celle qui avait été faite le 24 août 1789.

Or, il était incontestable dans l'espèce, que Pierre Lafargue avait fait *une donation irrévocable* de sa part, à Dominique Cayret, son neveu.

La propriété étoit passée sans retour sur la tête de Dominique Cayret.

Si donc ce dernier s'est par suite dessaisi de la propriété qui lui avait été transmise, en faveur du donateur, on ne peut s'empêcher de reconnaître qu'il s'est effectué *une nouvelle mutation de propriété*, puisque cela ne pouvait avoir lieu qu'en vertu *du consentement libre et mutuel* des deux parties contractantes.

Ainsi, l'acte dont il s'agit ne pouvait être assujéti au parag. 1er. de l'art. 68, qui parle de renonciations *à successions, legs et communautés* ; c'est-à-dire à des choses *dont le renonçant n'a pas encore été saisi*, et qu'il refuse d'appréhender.

Ici Dominique Cayret *avait été saisi de la propriété;* il l'a rétrocédée librement à Pierre Lafargue.

C'était donc le cas d'appliquer, 1°. l'article 4 de la loi du 22 frimaire qui porte que le droit proportionnel est établi *pour toutes transmissions de propriétés,* d'usufruit ou de jouissance de biens-meubles et immeubles, soit entre-vifs, soit par décès.

2°. Le n°. 1er. par. 7 de l'art. 69 de la même loi, qui assujétit au droit proportionnel les adjudications, ventes, reventes, *cessions, rétrocessions,* et tous les autres actes translatifs des propriétés.

Il y avait eu *une rétrocession de propriété* dans l'acte du 31 août 1789; sans cet acte, la propriété *serait toujours demeurée* sur la tête de Dominique Cayret, investi des biens comme donataire.

Il était donc dû pour cette rétrocession un droit proportionnel.

Les administrateurs de l'enregistrement ont ajouté que les principes fixés par la loi du 22 frimaire, pour les rétrocessions de biens irrévocablement donnés, étaient autrefois les mêmes sous le rapport de la perception du 100e. denier, auquel le droit d'enregistrement a été substitué.

Ils ont cité, à cet égard, un arrêt du ci-devant conseil-d'état, du 12 septembre 1721, un autre du 15 septembre 1730, contre le nommé Lagarenne, et un troisième du 21 août 1745, contre la veuve Lasserre.-

Dans l'espèce de ces arrêtés, il a été jugé qu'il était dû deux droits de 100e. denier, l'un pour la donation, et l'autre *pour la rétrocession des biens donnés;* il est remarquable que la rétrocession faite dans l'affaire de la veuve Lasserre, avait eu lieu *24 jours après la donation.*

Le tribunal de cassation, touché par ces motifs, a annullé le jugement du tribunal de Mirande, en se fondant principalement sur les dispositions de l'article 4 de la loi du 22 frimaire, qu'il a considéré comme violée, et sur le n°. 1er. par. 1er de l'article 68, qu'il a déclaré faussement appliqué, attendu qu'il ne parle pas des répudiations *de donations acceptées.*

(Ce jugement confirme l'opinion que nous avions émise art. 1005 et 1032.)

ART. 1421.

HYPOTHÈQUES.

Comment doit-on liquider le droit de transcription d'un bail emphytéotique fait pour 30 ans, moyennant 700 francs de redevance annuelle?

L'emphytéose emporte aliénation, il établit un droit susceptible d'hypothèque et une jouissance usufruitière qui peut être saisie et vendue comme les immeubles. Il est par conséquent sujet à la transcription.

Mais d'après quelle base doit-on percevoir le droit?

Aux termes de l'art. 25 de loi du 21 ventôse an 7, ce droit est d'un et demi pour cent du prix intégral des mutations, suivant qu'il aura été réglé à l'enregistrement.

Pour la perception du droit d'enregistrement, le bail emphytéotique est assimilé aux baux à ferme, elle est par conséquent établie sur toutes les années que doit durer le bail.

Si pour le droit de transcription l'on adoptait la même base ; il arriverait souvent que la liquidation serait faite sur un capital qui excéderait de beaucoup la valeur des biens qui font l'objet du bail. L'art. 25 précité ne peut donc être pris dans toute l'étendue, ou les modifications que présentent la loi du 22 frimaire et autres sur l'enregistrement, mais il doit être restreint aux dispositions que ces lois peuvent avoir pour déterminer le prix de la mutation. Or, pour les baux, le prix se compose de la somme annuelle exprimée dans l'acte, en y ajoutant les charges imposées au preneur. Tel est le prix déterminé pour la fixation du droit. Peu importe d'ailleurs que l'enregistrement se liquide, d'après des quotités différentes, sur toutes les années du bail ; ceci n'est plus relatif qu'à la perception du droit d'enregistrement et non de celui de transcription aux hypothèques.

Quant à ce dernier droit, il demeure donc pour constant que la liquidation ne peut en être faite sur le prix cumulé de toutes les années du bail ; elle serait évidemment exhorbitante, il faut donc en conclure qu'elle doit être réglée

sur un capital du prix d'une année, en suivant
la base déterminée par la loi de l'enregistrement,
pour la fixation du prix de cette année.

Ce mode adopté il reste encore une difficulté
à résoudre. Le capital sera-t-il formé de vingt
fois ou de dix fois le prix du bail en y ajoutant les charges ?

Pour la résoudre l'on peut dire que la perception d'un droit se proportionne ordinaire-
ment à l'objet de l'acte. L'emphitéote n'a pas
la propriété directe, il ne jouit que d'un droit
inhérent à cette propriété, et sa jouissance est
limitée à une époque déterminée ; l'exercice
d'un pareil droit peut donc être assimilé à celui
qu'exerce un usufruitier, en conséquence, nous
pensons que le droit n'est susceptible d'être
perçu que sur le capital au denier dix de la
rente et des charges qui ajoutent au prix.

ART. 1422.

COMPTABILITÉ.

FRAIS DE POURSUITE A LA CHARGE DU TRÉSOR PUBLIC.

*Les frais faits par un receveur contre un
débiteur domicilié hors de son arrondissement, peuvent-ils être taxés par le seul*

président du tribunal de l'arrondissement du bureau, quand une partie de ces frais a été faite hors de l'arrondissement du tribunal et par des officiers ministériels qui lui sont étrangers ?

L'art. 66 de la loi du 22 frimaire an 7 veut que les frais qui restent à la charge du trésor public, pour être passés en compte aux receveurs, soient taxés par le juge du tribunal civil; mais il ne prévoit pas le cas où ces frais ont été faits dans plusieurs arrondissemens.

Nous ne pensons pas que dans l'espèce on puisse réunir tous les frais en un seul mémoire, et les soumettre à la taxe du président du tribunal de l'arrondissement du bureau ; il doit être fait autant de mémoires qu'il y a d'arrondissemens de tribunaux dans lesquels il y a eu des frais faits et où on a employé des officiers ministériels y attachés, et les mémoires doivent être taxés par les présidens des tribunaux respectifs, s'il en était autrement on exposerait le trésor public à payer des frais faits illégalement, parce que le juge du tribunal de l'arrondissement du bureau ne peut connaître les huissiers des autres tribunaux, qui ont exploité, ni les distances de transports, ni enfin les autres officiers ministériels qui ont pu être employés dans les poursuites.

INSTRUCTIONS

DÉCADAIRES

Sur l'enregistrement, les droits y réunis, et les domaines nationaux,

RÉDIGÉES par une Société d'Employés de l'Administration de l'Enregistrement et du domaine national.

Nᵒ. 161.

ART. 1423.

ENREGISTREMENT.

ACCEPTILATION, REMISE DE CRÉANCE.

De quel droit d'enregistrement est passible la remise que fait un créancier à son débiteur du montant de sa dette?

Dans notre dictionnaire, au mot *acceptilation* nous avons établi qu'une pareille convention, était un acte de libéralité, et que le droit en était dû comme donation.

Tome IX. 17

Cette opinion a trouvé des contradicteurs qui ont pensé que le droit n'était perceptible que sur le pied de libération.

Mais il n'y a de véritable libération que quand il existe un paiement.

Il faut donc examiner comment les jurisconsultes ont considéré la convention dont il s'agit.

Pothier, Traité des obligations, partie 3ᵉ. § Iᵉʳ., nᵒ. 571, après avoir dit que les principes du droit romain sur l'acceptilation ne sont pas reçus dans le droit français, s'exprime ainsi : « Toutes les dettes, quelles qu'elles soient, et » de quelque façon qu'elles aient été contrac- » tées, s'éteignent de plein droit par la simple » convention de remise, entre le créancier et le » débiteur, *pourvu que le créancier soit capable* » *de disposer de son bien, et que le débiteur ne* » *soit pas une personne à qui il soit défendu au* » *créancier de donner* ».

Et au parag. 3, nᵒ. 578, il continue en ces termes : « Lorsqu'un créancier déclare qu'il fait » remise à son débiteur de sa dette, ce n'est » pas une volonté absolue d'abdiquer la créance » qu'on doit supposer en lui, mais plutôt la » volonté d'en faire don à son débiteur. Or, » comme tout don exige une *acceptation* du » donateur, on doit penser que ce créancier » n'a entendu vouloir abdiquer son droit que

» lorsque la remise et le don qu'il entend faire
» à son debiteur auraient reçu leur perfection
» par l'acceptation de ce débiteur. C'est pour-
» quoi je pense qu'on doit déclarer que la re-
» mise d'une dette portée par une lettre ne doit
» avoir aucun effet, si le débiteur à qui on a
» fait la remise est mort, avant que la lettre lui
» soit parvenue ».

Ainsi, dès que d'après le sentiment de Pothier, et de tous les jurisconsultes qui ont écrit
sur cette matière, la remise faite par un créancier à son débiteur, est un don dans toute
l'étendue du terme, le percepteur ne peut ni ne
doit établir d'autre droit que celui fixé par la loi
pour les donations ; le restreindre, dans ce cas,
au droit réglé pour les libérations, c'est dénaturer les dispositions de l'acte, c'est convertir
en simple libération une donation proprement
dite ; c'est par conséquent établir une perception qui n'est basée sur aucun principe, et percevoir un droit de libération là où il n'en existe
réellement pas, puisqu'il n'y a pas de paiement.
Si l'on ne regarde pas cette convention comme
une donation, elle ne doit être considérée que
comme un acte simple, sujet seulement au droit
fixe : l'on ne peut, sans donner absolument
dans l'arbitraire, s'écarter de ce point. Or,
comme la remise par un débiteur à son créan-.

2

cier, de sa dette, n'est pas un acte simple ; mais une véritable donation, nous persistons à penser que l'opinion que nous avons émise dans notre Dictionnaire est la seule conforme aux principes.

A R T. 1424.

DECLARATION DE SUCCESSIONS.

Une veuve est donataire en usufruit de l'universalité des biens dont elle est héritière pour une partie, comme étant parente de son mari. Quels sont les droits à percevoir sur la déclaration qu'elle doit passer en cette double qualité ?

Dans l'hypothèse, la veuve réunit en sa personne deux qualités et deux droits bien distincts.

D'un côté, elle se présente comme nièce, et, en cette qualité, héritière pour un quart de son mari ;

De l'autre, comme épouse et donataire de l'usufruit de la totalité de ses biens.

Il s'est donc opéré deux mutations à différens titres, que l'on peut d'autant moins confondre, que la veuve avait la faculté de renoncer à celui d'héritiere , pour s'en tenir à sa qualité de donataire.

La transmission qui a eu lieu en cette dernière qualité , résultant d'une donation faite par le mari à sa femme , en considération de leur mariage , elle est réellement une transmission entre époux , telle que celle dont le n°. 3, paragr. 6 de la loi du 22 frimaire an 7 , a réglé le droit à 2 fr. 50 cent. par cent

L'autre résulte des droits du sang La veuve était investie de ce droit antérieurement à son mariage ; elle les recueille , indépendamment et séparément des avantages résultans de ce mariage , avec lesquels il ne peut être confondu ; cette transmission a réellement eu lieu de l'oncle à la nièce , ce n'est point une mutation entre époux , c'est-à-dire qui résulte , soit du mariage , soit d'avantages stipulés entre les époux, en considération du mariage , car ces expressions du n°. 3, paragr. 6 de l'art. 69 : *Les transmissions qui s'effectuent entre époux* ne peuvent être entendues autrement. Elle rentre donc dans les dispositions du n°. 2, parag. 8 du même article de la loi , ou comme mutation entre collatéraux : elle est incontestablement sujette au droit de 5 pour cent.

A r t. 1425.

Reconstitution de rentes en faveur d'un tiers, créancier poursuivant l'expropriation forcée de l'immeuble grévé de la rente, peut-elle être considérée comme un supplément de vente?

L'acquéreur d'un immeuble, pour éviter l'expropriation forcée dont il était menacé par un créancier de son vendeur, à raison d'une rente de 200 f. hypothéquée sur ledit immeuble, et pour la conservation de laquelle le créancier avait acquis une inscription légale en tems utile, s'oblige, par acte notarié, de payer et servir ladite rente, sous la réserve néanmoins d'exercer son recours pour cause de ladite créance contre son vendeur.

On a considéré ce contrat comme un supplément de prix de vente, et on a réclamé les droits à raison de 4 pour cent.

Pour combattre cette prétention, on a soutenu que l'obligation personnelle contractée par l'acquéreur, d'acquitter la rente en question, ne pouvait être considérée comme un supplément de prix à la vente, parce qu'il ne se soumet à cette condition que pour se soustraire à l'expropriation, dont il étoit menacé par un tiers créancier, et nullement pour le profit du vendeur, vis-à-vis duquel il réserve et retient tous les droits; que la nouvelle obligation qu'il contracte est forcée de sa part, et que, sous ce rapport, elle ne peut être considérée que comme un titre nouvel, dont les droits sont réglés à 1 fr. fixe.

Cette opinion nous paroît fondée : en effet, l'acquéreur qui a payé l'intégrité du prix entre les mains de son vendeur, n'a sûrement point entendu se soumettre à aucunes autres charges.

S'il le fait, par la suite, c'est seulement pour empêcher et prévenir sa dépossession ; cette circonstance aggrave à la vérité la condition de l'acquéreur, mais n'ajoute aucune nouvelle valeur à l'immeuble vendu. La preuve en est qu'il se réserve son recours contre le vendeur, et qu'il peut être renvoyé indemne par son remboursement; à la vérité, ce recours peut devenir frivole par l'insolvabilité du vendeur; mais dans ce dernier cas même, c'est une nouvelle charge imprévue et forcée qui tombe en pure perte pour l'acquéreur; et à laquelle il ne s'assujétit que pour en éviter une plus grande.

Nous pensons, en conséquence, que le droit de 1 fr. fixe est le seul dont soit passible un pareil acte.

ART. 1426.

OBLIGATION.

Transaction par laquelle un fermier, pour mettre fin au procès existant entre lui, son frère et sa mère, à raison de la succession d'un autre frère, s'engage à leur payer 50,000 francs, pour raison de leurs droits auxquels ils renoncent. De quel droit cet acte est-il passible ?

On n'avait liquidé le droit de cet acte qu'à raison d'un franc pour cent, et l'on s'était fondé sur les principes énoncés au mot Transaction, n.º 3, dictionnaire de l'enregistrement par le C. Rippert.

Il y est dit : « Si la transaction a lieu sur la » revendication d'un immeuble, et que celui » qui était en possession le conserve par le ré- » sultat de la transaction en payant une somme, » ce n'est pas toujours une preuve que la cession » lui en soit faite par l'autre partie, parce qu'on » peut payer une somme pour acheter sa tran- » quillité et se délivrer d'un procès. Dans ce » cas il ne doit être perçu qu'un franc pour » cent, suivant le n.º 3, §. 3, de l'article 69 ; » mais si cette somme approchait de la valeur » des biens, ou s'il était notoire ou prouvé que

» celui qui se désiste fût le véritable proprié-
» taire, le droit serait perceptible à 4 pour cent,
» parce qu'il y aurait translation de propriété,
» quoique ce fût en faveur de celui qui posse-
» dait déjà. »

S'il avait été fait la juste application de ces
principes à l'espèce, il aurait été perçu 4 pour
cent. En effet, dès qu'on acquiert la propriété
à laquelle on n'avait qu'un droit incertain, il
y a transmission nécessaire de propriété. Or,
ici les droits de l'héritier pouvaient se résoudre
en mobilier comme en immobilier, il acquiert
la propriété de tout l'actif de la succession sans
distinction; il s'opère donc à son profit une
transaction de propriété passible du droit de
4 pour cent.

ART. 1427.

OBLIGATION.

*Obligation consentie pour cause d'alimens,
peut-elle être considérée comme un bail
à nourriture illimité?*

Une mère qui s'est retirée chez sa fille reconnaît, par acte notarié, lui devoir la somme de
400 francs pour quatre années révolues de sa
pension alimentaire.

A défaut de représentation du titre constitutif

de la pension alimentaire, on a prétendu assujetir cette obligation aux droits réglés par le n.º 2 du §. 5 de l'article 69 de la loi du 22 frimaire an 7.

On a fondé cette prétention sur ce que l'obligation réglant la pension de la mère, pour les années revolues de sa co-habitation avec sa fille, elle devient un titre à cette dernière, non-seulement pour exiger le paiement des 400 francs, dont sa mère se reconnaît débitrice, mais encore pour lui assurer 100 francs pour chacune des années que pourra durer encore cette co-habitation.

L'obligation de la somme de 400 francs pour quatre années de pension alimentaire, est bien une preuve que cette pension était due pour le tems exprimé, mais non pas qu'elle doive continuer d'être payée pour l'avenir.

Nous ne pensons pas que cette obligation puisse équivaloir à un bail à nourriture pour un tems indéterminé, attendu qu'une mère qui s'est retirée auprès de sa fille, peut reconnaître qu'elle lui doit 400 francs pour quatre années de pension, sans qu'il existe aucun traité à ce sujet ; au surplus cette simple obligation établit si peu des conditions pour l'avenir, qu'en vertu de cet acte la mère ne pourrait pas exiger sa nourriture, ni la fille en répéter le prix sur le même pied, s'il s'élevait entre elles quelques contestations à ce sujet.

ART. 1428.

Transaction entre une veuve et les héritiers de son mari, portant abandon de leur part d'immeubles, acquets de communauté en paiement de ses reprises.

Voici l'espèce :

Par l'une des clauses de son contrat de mariage, Sigisbert avait fait donation à sa femme d'une somme de 3,000 francs pour gain de survie à prendre après son décès, sur les plus clairs de ses biens.

Par acte postérieur au décès du mari, il est convenu entre la veuve et les héritiers du mari,

1.º Que la société générale stipulée pour le contrat de mariage serait réduite à la société coutumière, et que chacun jouirait respectivement de ses biens propres ;

2.º Que pour remplir ladite veuve, tant de la somme de 3,000 francs, à elle donnée pour gain de survie par le susdit contrat, que pour la portion d'acquets de communauté, il lui sera delaissé des immeubles provenant de ladite communauté, jusqu'à due concurrence.

Le même acte contenait ensuite partage des meubles et immeubles de la communauté.

Quelques-uns ont prétendu que la seconde

clause était une véritable cession d'immeubles.
Ils ont dit :

La somme de 3,000 francs due à la veuve
n'était pour elle qu'une créance mobiliaire, elle
était due par le mari seul ; au lieu d'argent la
veuve reçoit des immeubles, elle devient donc
acquéreur. Ce n'est point ici une reprise de
sommes ou objets apportés dans la communauté, puisqu'il s'agit du paiement d'une donation entièrement étrangère à la communauté.
D'ailleurs la donation étant *entre-vifs*, ne pourrait comprendre que les biens présens du mari,
c'est-à-dire, ceux lui appartenans le jour du
contrat, elle ne pouvait s'étendre aux acquets
à venir de la communauté.

Ce raisonnement n'est point exact. Les reprises sont les actions qu'exercent les femmes
à raison de leur mariage pour douaire, pré-
ciput et autres avantages stipulés par le contrat.
L'abandon qui leur est fait, pour tenir lieu
du montant de ces reprises d'une partie des
effets de la communauté, s'opère par distrac-
tion sur la masse des biens de la communauté.
C'est sous cette condition de droit civil que la
communauté est censée avoir été contractée :
dès lors l'abandon d'immeubles, à titre de
reprises, n'est ni une cession, ni une vente,
mais un simple assignat déclaratif et non attri-

butif de propriété. L'exercice des reprises sur
les acquets et conquets n'est considérée que
que comme un partage de la communauté, par
le résultat duquel les acquets sont compensés
avec les reprises. Le remploi qui se fait en
pareil cas n'était point assujéti autrefois au
centième denier.

En appliquant ces principes à l'acte analysé,
il en résulte que la clause d'abandon de portions d'acquets en remploi des reprises, n'est
passible d'aucun droit particulier ; en effet, la
veuve reçoit en paiement de la somme de
5,000 francs, montant de la donation à elle
faite, des acquets de communauté. Ce n'est
qu'une compensation du montant de ses reprises avec portion des biens de la communauté.

Délibération du 24 ventôse an 11.

A R T. 1429.

E X P L O I T s.

Les procès-verbaux des Arpenteurs, faits
à la requête de particuliers, sont-ils sujets
à l'enregistrement dans les quatre jours
de leur date ?

Les termes de l'article 20, de la loi du 22
frimaire an 7, ont fait naître des doutes à cet

égard. Cet article porte : « Les délais sont de
» quatre jours pour ceux des huissiers et *autres*
» *ayant pouvoir de faire des exploits et procès-*
» *verbaux* ». Les procès-verbaux des arpenteurs,
(a-t-on dit) font titre en justice, ils sont donc
sujets à l'enregistrement dans les quatre jours
de leur date.

Ce raisonnement ne nous paraît pas exact.
Le législateur n'a entendu parler dans l'article
cité que des officiers ou fonctionnaires publics.
Un arpenteur n'a aucun de ces caractères, les
actes qu'il fait à la requête des particuliers, ne
sont sous les rapports des droits que des actes
sous seing-privé, qui n'en sont passibles que
lorsqu'on veut en faire usage en justice.

A R T. 1430.

ENREGISTREMENT ET TIMBRE.

Les actes de poursuites faites contre les per-
cepteurs pour le recouvrement des sous
additionnels destinés au paiement des dé-
penses départementales et communales,
sont-ils exempts de l'enregistrement et du
timbre; ou doivent - ils être enregistrés
et timbrés en débet ?

D'après les articles 64, 65 et 66, titre 6 de
la loi du 11 frimaire an 7, sur les recettes et
dépenses du gouvernement, des départemens

et des communes, les receveurs généraux et particuliers, ceux des communes, et les percepteurs qui ne rendraient pas compte des recettes et dépenses communales de cantons et de départemens dont ils sont chargés, doivent être dénoncés aux commissaires près les tribunaux civils, et condamnés à payer par forme de consignation le 5.e et le 10.e du montant présumé des recettes dont ils sont chargés.

On avait pensé que les actes de poursuites, faites d'après ces dispositions, étaient exempts de l'enregistrement par le nombre 2, du §. 3, titre 11, article 70 de la loi du 22 frimaire an 7.

Mais c'est une erreur, le nombre 2, § 1.er des mêmes titre et article de la loi seul applicables à l'espèce ; en conséquence, les actes des poursuites dont est question doivent être enregistrés et par suite timbrés en débet, sauf à poursuivre le recouvrement des droits contre les receveurs et percepteurs condamnés.

ART. 143.

DOMAINES NATIONAUX.

Les inscriptions avec hypothèques requises pour la conservation des rentes nationales, doivent-elles être regardées comme des poursuites suffisantes pour empêcher l'attribution de ces rentes aux hospices.

L'inscription aux hypothèques n'a pour objet que la conservation des rentes ; elle n'est pas

une poursuite pour le recouvrement des arrérages, elle n'interrompt pas la prescription;
enfin, elle n'a rien de commun avec les contraintes, commandemens et autres actes qui
caractérisent les poursuites proprement dites :
ainsi, lorsqu'il n'a pas été exercé d'autre poursuite pour le recouvrement des arrérages des
rentes nationales, elles sont dans le cas d'être
attribuées aux hospices, conformément à l'arrêté du 17 frimaire an 11.

Notice des Instructions générales.

Instruction générale du 23 germinal an 11, n°. 131,
relative à l'admission en paiement des droits d'enregistrement des successions des condamnés et des déportés, des rescriptions de la trésorerie, représentatives
des valeurs délivrées aux héritiers, pour restitutions
concernant les mêmes successions.

Lettre du 3 floréal an 11. Interprétative des articles
20 et 22 du cahier des charges des Ventes de coupes
de bois nationaux, relativement à la manière de compter les délais.

Autre du 4 dudit. Les intérêts des obligations souscrites pour rachats de rentes nationales non acquittées
à leur échéance, ne sont dûs qu'à compter du jour où
les débiteurs ont été mis en demeure de payer. Addi-
tion à l'Instruction générale, n°. 110.

Autre du 6 dudit. Les églises et presbytères non employés dans la circonscription des paroisses succursales,
sont susceptibles d'être aliénés.

AVIS.

Indépendamment des cadres d'états, annoncés à la fin
du n°. 159, nous avons fait imprimer ceux qui suivent,
dont le prix est également de 10 cent. la feuille à
Paris, et de 14 cent. par la poste, franc de port.

Etat des versemens en numéraire effectif. (Circulaire
n. 2041.)

Etat des rentes nationales qui restent à percevoir,
déduction faite de celles abandonnées aux hospices.
(Instruction générale n°. 113.)

INSTRUCTIONS

DÉCADAIRES

Sur l'enregistrement, les droits y réunis, et les domaines nationaux.

RÉDIGÉES par une Société d'Employés de l'Administration de l'Enregistrement et du domaine national.

N°. 162.

ART. 1432.

ENREGISTREMENT.

VENTE A REMÉRÉ.

Toutes les charges imposées à l'acquéreur doivent-elles être ajoutées au prix exprimé pour la liquidation du droit?

Voici l'espèce qui a donné lieu à cette question :

Un particulier vend une usine à faculté de rachat, moyennant 3000 fr. Par l'acte, l'acquéreur
s'oblige à en reconstruire tous les bâtimens, et
le vendeur à ne pouvoir exercer le réméré qu'au
bout de 24 ans ; mais le cas arrivant, il n'aura à
rembourser que les frais de construction, à dire
d'experts, les 3000 fr. restant compensés avec la
jouissance.

En invoquant, pour prétendre que la valeur
des constructions à faire devait être déclarée et
ajoutée au prix pour la liquidation des droits,
le n°. 6 de l'article 15, on a dit :

Le législateur a voulu que le droit des ventes
portât sur la valeur des immeubles aliénés; aussi
a-t-il autorisé la demande en expertise, si le prix
exprimé est inférieur à cette valeur. En appliquant ce principe à l'acte dont il s'agit, il est
certain que l'immeuble vendu vaut plus que la
somme de 3000 fr., et que sans la clause qui
oblige l'acquéreur à reconstruire, le prix eût été
plus fort.

D'ailleurs, le n°. 6, article 15, ne fait aucune
distinction, il veut que toutes les charges en capital soient assujéties au prix.

Ces raisonnemens ne nous paroissent pas
exacts. Le vœu du législateur est sans doute que
toutes les charges inhérentes au prix y soient

ajoutées ; mais de quoi se compose le prix d'un immeuble vendu ? de toutes les clauses qui profitent au vendeur. Il faut donc distinguer la nature des clauses. Si, comme dans l'espèce, elles ne profitent qu'à l'acquéreur, ce ne sont plus des charges susceptibles d'être ajoutées au prix.

Or, il est certain que celui qui construit sur son bien, ne dût-il en jouir qu'un tems déterminé, est le seul qui en profite. Si le vendeur s'associe à cet avantage, c'est moyennant le prix qu'il rembourse, à l'expiration du délai, la charge est donc pour lui.

Nous estimons, en conséquence, que dans l'espèce proposée, le droit n'est dû que sur 3000 francs.

Art. 1433.

BAIL D'IMMEUBLES AU CO-PROPRIÉTAIRE.

Le droit doit-il être réduit sur la portion appartenant au preneur.

Un Moulin, appartenant pour moitié à une veuve, et pour l'autre à ses enfans mineurs. a été mis en location, par adjudication publique, à la charge d'acquitter le prix du bail en totalité

2

à la veuve, savoir : moitié comme propriétaire, et l'autre comme tutrice de ses enfans, la veuve s'est rendue adjudicataire, et le droit a été perçu sur la totalité du prix du bail sans réduction ; à raison de la co-propriété pour moitié appartenant à la veuve, on s'est fondé sur ce que la loi ne contenait aucune disposition qui permette la réduction du droit.

Nous ne pensons pas que cette perception soit fondée. On ne se loue pas sa propriété à soi-même, et dans l'espèce il n'y a bail que de de la moitié appartenant aux mineurs, la veuve n'étant tenue qu'au paiement de la moitié du prix de l'adjudication ; nous croyons que dans ce cas on peut appliquer par assimilation la disposition du nombre 4, parag. 7 de l'article 69 de la loi, relatif aux ventes d'immeubles par licitation, qui porte que le droit de 4 pour cent ne sera perçu que sur les portions acquises.

Nous estimons donc que dans l'espèce le droit d'enregistrement du bail ne doit être perçu que sur la portion des enfans mineurs.

ART. 1434.

RÉPERTOIRE.

Les Répertoires des officiers publics, même ceux des notaires, doivent être visés tous les trimestres par les receveurs de l'enregistrement.

L'article 30, section 2 du titre 1er de la loi du 25 ventôse an 11, sur l'organisation du notariat, est conçu en ces termes : « Les répertoires seront visés, cotés et paraphés par le » président, ou, à son défaut, par un autre » juge du tribunal civil de sa résidence. Ils con- » tiendront la date, la nature et l'espèce de » l'acte, les noms des parties et la relation de » l'enregistrement ».

De ce que cet article porte que les répertoires des notaires seront visés par les juges, l'on en a conclu qu'ils ne devaient plus être soumis au *visa* des receveurs de l'enregistrement.

Mais ceux qui élèvent une pareille prétention, n'ont pas considéré, sans doute, que la disposition, dont il s'agit, est purement relative à l'opération des juges, lorsqu'un notaire lui présente du papier pour le *viser, côter, parapher*, afin d'en former son répertoire. Il ne peut y avoir le moindre doute à ce sujet, en considérant que dans cet article il n'est nullement question d'un visa périodique, ainsi l'article 51 de la loi du 22 frimaire an 7, qui astreint les notaires à soumettre, tous les 3 mois, leurs répertoires au visa

3

des préposés de l'enregistrement, qui n'est nullement rapportée, doit rester dans toute sa force. Cette obligation est relative à la contribution même de l'enregistrement, et son but a été de mettre les percepteurs à portée de s'assurer, d'un côté, si tous les actes reçus par les officiers publics étaient portés sur ce répertoire, et de l'autre si tous avaient été soumis à la formalité. Enfin, l'art. 29 de la loi dont on argumente, et qui ordonne que les notaires tiendront un répertoire de tous les actes qu'ils recevront, ne prononce aucune peine en cas de contravention; il est donc évident que l'intention du législateur a été que les dispositions de la loi du 22 frimaire, concernant les répertoires, continueront d'être exécutées.

A R T. 1435.

MAIN-LEVÉE D'INSCRIPTION.

La Main-levée d'une inscription prise pour une obligation, doit être pure et simple, pour n'être assujétie u'au droit fixe.

Nous avons dit, article 1042 de ces instructions, que la main-levée pure et simple d'une inscription, n'est pas un titre suffisant pour libérer le débiteur, quand il n'y a pas de quittance du montant de son obligation, et que cette main-levée n'a d'autre effet que de décharger de l'hypothèque les immeubles qui sont désignés dans l'inscription.

Ce principe est juste pour l'acte contenant purement et simplement main-levée d'une inscription, quoique prise sur une obligation ; mais si cet acte contenait, en outre , déclaration par la partie, que *la cause de l'inscription ne subsiste plus*, ce ne serait plus une main-levée pure et simple , puisqu'il constaterait par cette déclaration, ou autre équipolente, que la dette qui avait motivé l'inscription a été acquittée, il établirait par conséquent la libération du débiteur, ainsi , à défaut de justification d'une quittance enregistrée, il y aurait lieu de percevoir le droit à raison de 5o cent. par cent fr. sur l'objet de la créance inscrite , et dont le débiteur se trouve libéré par la reconnaissance ou déclaration du créancier que la cause de l'inscription ne subsiste plus.

A ʀ ᴛ. 1486.

H Y P O T H È Q U E S.

Partage d'immeubles entre co-héritiers est-il sujet à transcription ? comment en liquider les droits ?

Il est de principe que l'acte de partage est dé-

claratif de propriété, et non translatif. Par la
raison que le mort saisit le vif, les héritiers deviennent propriétaires incommutables des biens
de la succession qu'ils recueillent dès l'instant
du décès. Il en résulte que, lorsqu'il assigne
seulement à chacun des héritiers la part qui lui
revient, il n'est pas susceptible de transcription.

Telle est l'opinion de tous les commentateurs
de la loi du 11 brumaire an 7 sur le régime
hypothécaire.

Mais si, par l'effet du partage, l'un des héritiers acquiert un bien en tout ou en partie, auquel il ne pourrait prétendre, et en paie soulte,
le partage produit alors à son égard le même
effet qu'une vente, et la formalité de la transcription devient nécessaire pour consolider la
propriété sur sa tête.

Ce principe posé, la question relative au
mode de liquidation du droit, ne peut présenter de difficultés. En effet, la soulte forme le
prix de la mutation sur lequel doit s'asseoir le
droit de transcription.

ART. 1437.

*Lorsqu'une clause de garantie stipulée dans
un contrat de rente, constitue une créance
éventuelle en faveur du vendeur, une pa-*

reille créance est-elle susceptible d'hypo-
thèque, et y a-t-il lieu à l'inscription
d'office de la part du conservateur ?

L'affirmative sur la première question n'est
pas douteuse.

Il est également certain que l'inscription d'hypothèque doit anticiper sur l'événement ; si ce
n'était pas, presque toutes les conditions éventuelles seraient exposées à n'avoir plus d'objet
et à être entièrement perdues, lorsque l'événement se réaliserait.

La clause de garantie dans un cas prévu exprimé par le vendeur, précédent propriétaire, contre
l'acquéreur, confirme une action en recours,
donne une hypothèque directe, enfin, un droit
possible sur l'immeuble vendu : cette hypothèque au droit du précédent propriétaire, doit
donc, suivant l'article 29 de la loi du 11 brumaire an 7, être conservée par une inscription qu'elle charge les conservateurs de former
d'office.

A R T. 1438.

T I M B R E.

Les lois et arrêtés du gouvernement peuvent-
ils être réimprimés par feuilles détachées
sur du papier non timbré ?

L'article 56 de la loi du 9 vendémiaire an 6,

semble assujettir ces sortes d'expéditions au timbre ; il y a eu même une décision du 9 brumaire an 6, qui le prononce affirmativement ; mais il en est intervenu, le 14 fructidor an 7, une autre sur les réclamations de quelques libraires, portant que la réimpression des lois et arrêtés du gouvernement, peut se faire sur du papier non-timbré, et que la circulation peut ainsi avoir lieu, même en feuilles détachées.

Le ministre des finances a maintenu cette dernière décision, par une lettre du 6 floréal présent mois, et a décidé que ces sortes d'expéditions ne sont pas sujettes au timbre, pourvu que les feuilles ne contiennent que les lois et actes du gouvernement, sans avis ni nouvelles qui puissent les faire considérer comme gazettes ou papiers-nouvelles.

ART. 1439.

COMPTABILITÉ.

Lorsque le fermier d'un domaine national n'a pu être mis en possession des biens qui lui ont été affermés, ou que la jouissance a été interrompue, en tout ou en partie, lui est-il dû une indemnité ou une réduction sur le prix de ferme, et par qui doit-elle être payée ?

Si le fermier n'a pu être mis en possession des biens qui lui ont été affermés, parce que des immeubles on des édifices auraient, depuis, été affectés au ministère, soit de la guerre, soit de la marine, etc., c'est le cas de la demande en indemnité.

La réclamation du fermier doit être portée devant le conseil de Préfecture, qui statue; et s'il prononce qu'il y a lieu à une indemnité, elle ne peut être payée que par le ministère à la disposition duquel les bâtimens ou l'immeuble ont été mis.

Si, au contraire, la jouissance du fermier est interrompue après sa mise en possession, c'est un motif pour demander une réduction de fermages, proportionnelle à la durée de l'interruption, dans le cas, par exemple, où il s'agirait de chomage d'un moulin, ou des droits affermés avec d'autres immeubles, seraient supprimés, etc. dans tous ces cas, le fermier ne peut réclamer (sauf les circonstances qui feraient prononcer la résiliation du bail), que la remise du prix de ferme, ou la réduction de son fermage au prorata du tems que le trouble dans sa jouissance a duré.

C'est au conseil de Préfecture à statuer, et d'après son avis, et l'autorisation du ministre des finances, le préfet accorde à la partie un mandat qui est pris pour comptant par le receveur des domaines, à compte ou pour solde des fermages.

ART. 1440.

DOMAINES NATIONAUX.

La déclaration du préfet qu'il élève conflit d'attribution, dans le cas où le tribunal se déclarerait compétent, suffit-elle pour empêcher le tribunal de prononcer sur la question de compétence ?

Le tribunal de cassation vient de décider l'affirmative dans l'espèce suivante :

Une contestation s'élève entre un fermier d'un domaine national, et un tiers qui s'en prétend propriétaire par adjudication, devant le département, sur la demande devant le bureau de paix, le juge de paix se déclare incompétent.

Appel de sa décision est portée au tribunal de Namur. Le commissaire du gouvernement fait lecture à l'audience d'une lettre par laquelle le préfet le charge d'intervenir dans la cause au nom de la république, de soutenir l'incompétence des tribunaux, de réclamer les droits de l'autorité administrative; et en cas de jugement contraire, d'élever conflit de juridiction, en demandant qu'il soit sursis à la décision de la contestation jusqu'à ce que les consuls de la république ayent déterminé la compétence, conformément à la loi du 21 floréal an 3.

Sur son requisitoire intervient jugement par lequel le tribunal de Namur, vu l'article 13 du titre 2 de la loi du 16 août 1790, qui défend aux tribunaux de troubler les corps administratifs dans leurs fonctions, dit qu'il a été bien jugé, et renvoie les parties à se pourvoir par-devant qui il appartiendra.

La partie se pourvoit en cassation contre ce jugement.

Le commissaire du gouvernement dit:

« Le commissaire du gouvernement près le tribunal de Namur, n'a élevé le conflit d'attribution que d'une manière conditionnelle, dans le cas où le tribunal se jugerait compétent; et alors le tribunal de Namur, se déclarant compétent, aurait été tenu de suspendre son jugement sur le fond, jusqu'après la décision de l'autorité supérieure; mais ce cas n'est pas avoué ».

Le tribunal s'est déclaré incompétent, conformément aux conclusions du préfet. Il est donc vrai de dire que le conflit d'attribution n'a pas été élevé, qu'ainsi le tribunal de Namur n'a pu légalement prononcer sur la question de compétence que son jugement n'est pas dans le cas d'être annullé.

Jugement du tribunal de cassation, du 18 pluviose an 11, par lequel, vu l'article 3 de la loi du 21 floréal an 3, qui décide qu'après un conflit d'attribution légalement élevé, les tribunaux doivent s'abstenir de tout jugement, jusqu'à ce que l'autorité supérieure ait décidé. — Attendu que d'après le conflit d'attribution élevé dans l'espèce par le préfet de Sambre et Meuse,

le tribunal d'arrondissement de Namur n'aurait pas dû
se déclarer lui-même incompétent, mais attendre que
le conseil-d'état eût prononcé sur ce débat.

Le tribunal casse et annulle le jugement rendu par
tribunal d'arrondissement de Namur.

A r t. 1441.

*Un domaine d'émigré, vendu en exécution
de la loi du 12 prairial an 3, qui a été
rapportée par celle du 27 du même mois,
doit-il être considéré comme appartenant
à la république, et rendu à l'émigré rentré
et amnistié.*

Voici le fait : une femme a acquis, en exécution de la loi du 12 prairial an 3, un domaine
qui avoit appartenu à son mari émigré ; elle a
payé un à-compte sur le prix de la vente ; mais
une autre loi du 27 prairial de la même année,
déclara que les aliénations faites en vertu de la
loi du 12, ne vaudroient provisoirement que
comme soumissions.

La vente n'eut en conséquence aucune suite,
et le domaine resta sous le sequestre jusqu'au
retour du mari, qui a obtenu son certificat
d'amnistie.

L'arrêté du 29 fructidor an 8 veut, que les
biens vendus avant la radiation, et pour lesquels
les acquéreurs sont tombés en déchéance, soient
revendus à la folle enchère, ou conservés pour

l'état : mais ce n'est pas ici le cas de l'application de cet article.

La loi en vertu de laquelle ce domaine a été acheté, a été rapportée par celle du 27 prairial, qui a changé le mode d'aliénation, en conservant seulement aux ventes faites d'après la loi du 12 le simple caractère de soumissions ou d'offres. Dès-lors le domaine reste sous la main de la nation, n'a pas cessé de faire partie des domaines nationaux, et il ne peut être considéré aujourd'hui comme un bien rentré et réuni par la déchéance de l'acquéreur.

Il n'y a pas eu de vente, il n'y a pas eu de déchéance.

Le domaine doit être rendu à l'amnistié, puisqu'il n'en a pas été disposé ni par vente, ni pour un service public.

ART. 1442.

ACTES DU GOUVERNEMENT.

Saint-Cloud, le 10 floréal an 11.

Le gouvernement de la république, sur le rapport du grand juge, ministre de la justice ;
Vu la déclaration du 21 mars 1671, et l'édit de février 1691, qui prescrivent la consignation de l'amende d'appel pour toutes les justices sans distinction ;
Vu la loi du 24 août 1790, portant, art. 10 du 10e,

titre : « Tout appelant dont l'appel sera jugé mal fondé,
» sera condamné à une amende de 9 liv. pour un appel
» d'un jugement des juges de paix, et de 60 liv. pour
» l'appel d'un jugement du tribunal de district, sans
» que cette amende puisse être remise ni modérée sous
» aucun prétexte. »

Vu aussi les articles 1, 12 et 13 du 13e titre, portant qu'il sera, sur la demande de l'administration du
département, établi un tribunal de commerce dans les
villes où elle jugera ces établissemens nécessaires ; que
ce tribunal connaîtra des affaires de commerce dans
tous les districts, et que dans les districts où il n'y
aura pas de juges de commerce, les juges de district
connaîtront de toutes les matières commerciales.

Vu aussi l'arrêté du 18 fructidor an 8, qui prescrit
l'observation de la forme de procéder, établie par l'ordonnance de 1667 et réglemens postérieurs.

Considérant que la loi du 24 août 1790, qui prescrit
la condamnation de l'appelant à l'amende, ne contient
aucune disposition qui dispense de cette amende les
appels en matière de commerce, lesquels y étaient in-
dubitablement assujétis avant ladite loi.

Considérant au surplus, que l'arrêté du 27 nivose
an 10, exige quelques modifications dictées par les lois
rendues sur cette matière, et par l'explication que
l'usage leur a donnée.

Le conseil-d'état entendu, arrête :

Art. 1er. Tout appel des jugemens des tribunaux de
commerce sera, en conformité de la déclaration du
21 mars 1671, et de l'édit de février 1691, sujet à
l'amende, comme l'appel des jugemens de première
instance et des juges de paix.

2. Il sera consigné 12 fr. à compte sur l'amende de
60 fr. pour l'appel des jugemens des tribunaux de première instance et de commerce.

3. L'amende de 9 fr. pour appel des jugemens des
juges de paix, continuera d'être consignée en totalité.

4. La consignation prescrite par les deux articles précédens sera toujours faite avant les jugemens, même par
défaut, qui interviendront sur l'appel, et les greffiers
ne pourront délivrer d'expéditions ou extraits de ces
jugemens, avant qu'il leur ait été justifié de la consignation d'amende.

5. Faute par l'appelant de faire cette consignation,

l'intimé sera tenu de l'effectuer, sauf la répétition en définitif contre l'appelant, si celui-ci succombe.

6. Le tribunal d'appel condamnera l'appelant, par le jugement qui confirmera, au paiement du surplus de l'amende.

7. La restitution du montant de la consignation sera ordonnée par le jugement qui aura déclaré l'appel bien fondé, et cette restitution sera effectuée par le préposé qui l'aura reçue, entre les mains de la partie ou de l'avoué de la partie, au nom de laquelle la consignation aura été faite, sur une copie, signée par cet avoué, du dispositif du jugement, et sur la remise de la quittance.

8. Toute contravention aux dispositions du présent arrêté, relatives à la consignation, continuera de donner lieu à l'amende de 500 fr. prononcée par l'art. 9 de la déclaration du 21 mars 1671.

9. Les dispositions de l'arrêté du 27 nivose an 10, contraires aux présentes, sont rapportées.

10. Le grand-juge, ministre de la justice, et le ministre des finances, sont chargés de l'exécution du présent arrêté, qui sera inséré au Bulletin des lois.

Le premier consul, signé BONAPARTE.

Notice des Instructions générales.

Lettre du 3 floréal an 11. La jouissance des cessionnaires des rentes nationales doit commencer du jour de l'enregistrement du dépôt des rescriptions.

Instruction du 7 dudit, n°. 132, relative à l'enregistrement des jugemens rendus sur des conventions verbales ou non justifiées par titres écrits.

Lettre du 8 dudit. Les décomptes des acquéreurs des domaines nationaux, et bordereaux de restitution, doivent distinguer la partie payée en écus, de celle payée en valeurs, la restitution du trop payé sur celle-ci n'étant susceptible d'être effectuée qu'au cours.

Lettre du 12 dudit. Avis à donner aux conservateurs des forêts de chaque division, des déchéances encourues par les adjudicataires des bois nationaux, *aliénables aux termes des lois.*

TABLE

ALPHABETIQUE

ET

RAISONNÉE,

Des objets traités dans les Instructions Décadaires sur l'Enregistrement, Droits y réunis et domaines nationaux :

RÉDIGÉES

Par une Société d'Employés de la Régie de l'Enregistrement et du Domaine national.

N°. 145 à 162.

9°. *VOLUME.*

Du 1er. Frimaire au 1er. Prairial an 11.

―――――――――

A.

ACCEPTILATION, ou remise de créance ; c'est une véritable donation, qui n'est passible d'autres droits que de celui fixé par la loi pour les donations. Art. 1483,   pag. 259

ACQUEREURS de domaines nationaux. Voir Aliénation.

— Dépossession de tous ceux qui ne se sont pas libérés avant le 1er. frimaire. Lettre du 7 frimaire an 11. 48

ACTES des notaires. L'on peut, sans contravention, relater un acte sous seing privé dans un testament. Art. 1299,   9

— Y a-t-il lieu à l'amende contre le notaire, lorsque

Tome IX.   19

les créanciers qui peuvent la primer. Art 1339,   69

B.

— Poursuites à exercer contre les souscripteurs et leurs cautions.

— Les receveurs seront forcés en recette du montant des traites non recouvrées. Instruc. générale, n°. 114, 96.

— La distance pour connoître les bois aliénables se calcule à vol d'oiseau, pour les bois sequestrés. Lettre du 26 ventôse an 11. 225

— Etats destinés à présenter les ventes des bois nationaux et la situation du recouvrement des diverses parties de l'administration forestière, l'usage de ces états doit commencer en l'an 11.

— Situation du recouvrement des années antérieures à l'an 11, il en sera rendu compte comme par le passé. Instruction générale, n. 119, 160

— Interprétation des art. 20 et 21 du cahier des charges et des ventes. Lettre du 19 ventôse an 11, page 208, et lettre du 3 floréal an 11, 252

BONS de restitution des biens des condamnés. Voyez déclaration de succession.

C.

CAUTION. Lorsqu'une caution est substituée à une autre pour l'exécution d'un bail, peut-on exiger le droit proportionnel pour le second acte de cautionnement comme pour le premier. Art. 1372, 153

CAUTIONNEMENT. Celui du receveur des revenus d'une commune, est sujet au droit de 50 cent. par 100 franc. Art. 1343, 97

— Lors des déchéances encourues par les adjudicataires il doit en être donné avis aux conservateurs des forêts de chaque division. Lettre du 20 ventôse an 11, 208

— Celui d'un bail fourni après la passation du bail, n'est passible que de la moitié du droit fixé pour le bail. Art. 1410, 232

CESSION du droit de percevoir les contributions d'une commune, faite par un adjudicataire de la perception. Art. 1300, 10

CHEVAUX d'Artillerie. Mesures à prendre en cas de décès des dépositaires de chevaux réservés pour train d'artillerie.

se déclarerait compétent , suffit-elle pour empêcher le
tribunal de prononcer sur la question de compétence ,

D.

E.

F.

suites qu'il y a d'arrondissemens de tribunaux dans lesquels les frais ont eté faits, et les frais doivent être taxés par les tribunaux respectifs. Art. 1422,   255

G.

GREFFE (Droit de). Le droit de rédaction doit être réglé sur le prix intégral d'une adjudication d'immeubles, sur enchère d'une vente volontaire. Art. 1350,   120

— La remise accordée aux greffiers, pour mise au rôle, ne doit pas s'étendre au droit de subvention. Art. 1349,   111

H.

HÉRITIERS des condamnés révolutionnairement, peuvent acquitter les droits d'enregistremens des successions auxquelles ils sont rappelés en bons de restitutions.

— Il doit être sursis à toutes poursuites, à leur égard, jusqu'à nouvel ordre; mais il faut faire des actes conservatoires. Lettre du 20 pluviose an 11.   160

HYPOTHÈQUES. Lorsque dans un contrat de vente, le vendeur renonce à l'inscription d'office, pour ce qui lui reste dû sur le prix de la vente, le conservateur des hypothèques peut-il se dispenser de faire cette inscription? Art. 1314,   36

— La liquidation définitive, faite par un tribunal de commerce, des sommes dûes par un armateur, tant à la caisse des invalides de la marine, qu'à celle des gens de mer, peut-elle être inscrite aux hypothèques, et l'avance des droits doit elle avoir lieu? Art. 1315, 38

—— La perception du droit de transcription doit être faite graduellement sur les sommes, et non pas suivre celles de 20 fr. en 20 fr. Art. 1340,   90

— Une inscription faite d'abord sur un mari, pour 30,000 f., ensuite sur les deux époux, pour 320,000 f., ne peut pas être considérée comme une seule et même inscription, et le droit est dû sur la somme de 32,000 f. Art. 1341,   92

I.

des biens qui lui ont été affermés , ou dont la jouissance a été interrompue, par qui cette indemnité doit-
elle être payée? 282

-- Mode de régler celle résultant de la privation de la
jouissance d'un usufruit affecté sur une maison nationale, mais non réservé dans la vente qui en a été faite.
Art. 1346 , 124

INSCRIPTION aux hypothèques. Voyez Hypothèques.
— De faux. La déclaration d'inscription en faux , contre
un rapport de saisie, est-elle sujette à l'enregistrement ? Art. 1322 , 33

INSINUATION, Un donataire à qui il a été fait plusieurs
donations par un même acte, peut ne pas faire insinuer celles dont il ne veut pas faire usage. Art. 1369 ,
147

INSTANCES. Dans toutes celles qui intéressent la république , le ministère des avoués n'est pas nécessaire.
Art. 1329 , 61

— Le pourvoi en cassation doit être fait dans les trois
mois, même par le domaine. Art. 1342 , 92

— Elles doivent être toujours portées devant les juges de
la situation du bureau qui a décerné les contraintes.
Art. 1364 , 135

— L'administration n'est point tenue de constituer un
avoué même dans les instances , pour le recouvrement
des domaines nationaux. Art. 1368 , 190

— Les tribunaux ne peuvent pas connaitre de la validité
d'un paiement autorisé par un acte émané des corps
administratifs. Art. 1396 , 205

— Comment doit être faite l'instruction des instances
d'ordres et de distribution du prix de vente des biens
sur lesquels l'administration a pris des inscriptions hypothécaires pour sûreté des créances nationales. Instruction générale du 29 brumaire an 11 , n. 100. 16

— L'instruction de ces instances doit être suivie par le
ministère d'avoué. Instruction générale , n. 100 , 16

J.

JUGEMENT portant résiliation d'un acte du consente-

L.

M.

N.

O.

P.

S.

T.

V.

FIN DE LA TABLE.

www.ingramcontent.com/pod-product-compliance
Lightning Source LLC
Chambersburg PA
CBHW060414200326
41518CB00009B/1351